dtv

Dieses Buch beginnt mit den Hexen, die dem Kriegshelden Macbeth seine ungeheuerliche Karriere weissagen (oder suggerieren) – und es endet mit dem Ungeheuer von Loch Ness, klar. Und dazwischen gibt es jede Menge Whisky, Dudelsackmusik, qualmendes Kaminfeuer und Hochland-Poesie, klar. Also: jeder Tourist findet, was er erwartet.

Aber:

Dieses Buch enthält auch eine Menge Impressionen und Informationen, die einen Touristen über den Touristen-Status hinaus heben:

Kleine Studien über große Gestalten der schottischen Geschichte und Literatur; Einblicke in archaische Lebensformen auf abgelegenen Inseln; Szenen aus den Großstädten, die zeigen, dass Schottland anteilig die gleichen sozialen Probleme hat wie jedes andere Land in Europa; Auskünfte über den schottischen Komplex, innerhalb Britanniens auf Platz zwei geraten und dort festgehalten zu sein – nebst schottischer Selbst-Erkenntnis, Selbst-Veräppelung, Selbst-Bezichtigung … Lauter kurze ansprechende Texte im englischen bzw. schottischen Original mit deutscher Übersetzung im Paralleldruck.

Es ist, kurz gesagt, ein Buch für Leser, die auf unterhaltsame Weise etwas für ihre schottische Allgemeinbildung tun wollen.

A Scottish Panorama · Schottland-Lesebuch

Herausgegeben und übersetzt von Harald Raykowski

Deutscher Taschenbuch Verlag

dtv zweisprachig · Edition Langewiesche-Brandt
herausgegeben von Kristof Wachinger

Deutsche Erstausgabe
1. Auflage 2000. 2. Auflage September 2002
Copyright-Nachweise auf Seite 214 f.

www.dtv.de
Umschlagkonzept: Balk & Brumshagen
Umschlagbild: Ausschnitt aus dem Gemälde «Evening Glow» von Joseph Farquharson
(© Felix Rosenstiel's Widow & Son Ltd.)
Satz: Greiner & Reichel, Köln
Druck und Bindung: Kösel, Kempten
Gedruckt auf säurefreiem, chlorfrei gebleichtem Papier
ISBN 3-423-09399-4. Printed in Germany

William Shakespeare: Macbeth

Act the first, Scene III
A Heath. Thunder. Enter the three Witches

THE WITCHES (...) ALL
The weird sisters, hand in hand,
Posters of the sea and land,
Thus do go about, about:
Thrice to thine, and thrice to mine,
And thrice again, to snake up nine:
Peace! – the charm's wound up.

Enter Macbeth and Banquo

MACBETH
So foul and fair a day I have not seen.

BANQUO
How far is't call'd to Fores? – What are these,
So wither'd and so wild in their attire,
That look not like th' inhabitants o' th' earth,
And yet are on't? Live you? or are you aught
That man may question? You seem to understand me,
By each at once her choppy finger laying
Upon her skinny lips: you should be women,
And yet your beards forbid me to interpret
That you are so.

MACBETH Speak, if you can, what are you?

FIRST WITCH
All hail, Macbeth! hail to thee, thane of Glamis!

SECOND WITCH
All hail, Macbeth! hail to thee, thane of Cawdor!

William Shakespeare: Macbeth

Erster Aufzug, Dritte Szene
Eine Heide. Gewitter. Die drei Hexen treten auf

DIE HEXEN (...) ALLE
Unheilsschwestern, Hand in Hand
Ziehn wir über Meer und Land.
Rundum dreht euch so, rundum:
Dreimal dein und dreimal mein,
Und dreimal noch, so macht es neun –
Halt! – Der Zauber ist gezogen.

Macbeth und Banquo treten auf

MACBETH
So schön und hässlich sah ich nie 'nen Tag.

BANQUO
Wie weit ist's noch nach Fores? – Wer sind diese?
So eingeschrumpft, so wild in ihrer Tracht?
Die nicht Bewohnern unsrer Erde gleichen,
Und doch drauf stehn? Lebt ihr? Wie? Seid ihr was,
Das man darf fragen? Ihr scheint mich zu verstehen,
Denn jede legt zugleich den stumpfen Finger
Auf ihren falt'gen Mund: – Ihr solltet Weiber sein,
Und doch verbieten eure Bärte mir
Euch so zu deuten.

MACBETH Sprecht, wenn ihr könnt: Wer seid ihr?

ERSTE HEXE
Heil dir, Macbeth, Heil, Heil dir, Than von Glamis!

ZWEITE HEXE
Heil dir, Macbeth, Heil, Heil dir, Than von Cawdor!

THIRD WITCH
All hail, Macbeth! that shalt be king hereafter!

BANQUO
Good Sir, why do you start, and seem to fear
Things that do sound so fair? – I' the name of truth,
Are ye fantastical, or that indeed
Which outwardly ye show? My noble partner
You greet with present grace, and great prediction
Of noble having, and of royal hope,
That he seems withal, to me you speak not.
If you can look into the seeds of time,
And say which grains will grow, and which will not,
Speak then to me, who neither beg, nor fear,
Your favours nor your hate.

FIRST WITCH
Hail!

SECOND WITCH
Hail!

THIRD WITCH
Hail!

FIRST WITCH
Lesser than Macbeth, and greater.

SECOND WITCH
Not so happy, yet much happier.

THIRD WITCH
Thou shalt get kings, though thou be none:
So all hail, Macbeth and Banquo!

FIRST WITCH
Banquo and Macbeth, all hail!

DRITTE HEXE
Heil dir, Macbeth, dir, künft'gem König, Heil!

BANQUO
Was schreckst du, Mann? erregt dir Furcht, was doch
So lieblich lautet? – In der Wahrheit Namen,
Seid ihr Wahnbilder, oder wirklich das,
Was körperlich ihr scheint? Den edlen Kampffreund
Grüßt ihr mit neuem Erb' und Prophezeiung
Von hoher Würd' und königlicher Hoffnung,
Dass er verzückt da steht. Mir sagt ihr nichts.
Wenn ihr durchschauen könnt die Saat der Zeit,
Und sagen: dies Korn sprosst und jenes nicht,
So sprecht zu mir, der nicht erfleht noch fürchtet
Gunst oder Hass von euch.

ERSTE HEXE
Heil!

ZWEITE HEXE
Heil!

DRITTE HEXE
Heil!

ERSTE HEXE
Kleiner als Macbeth, und größer.

ZWEITE HEXE
Nicht so beglückt, und doch weit glücklicher.

DRITTE HEXE
Kön'ge erzeugst du, bist du selbst auch keiner.
So, Heil, Macbeth und Banquo!

ERSTE HEXE
Banquo und Macbeth Heil!

MACBETH
Stay, you imperfect speakers, tell me more,
By Sinel's death, I know, I am thane of Glamis,
But how of Cawdor? the thane of Cawdor lives,
A prosperous gentleman, and to be king
Stands not within the prospect of belief,
No more than to be Cawdor. Say, from whence
You owe this strange intelligence? or why
Upon this blasted heath you stop our way
With such prophetic greeting? Speak, I charge you.

Witches vanish.

BANQUO
The earth hath bubbles, as the water has,
And these are of them. – Whither are they vanish'd?

MACBETH
Into the air, and what seem'd corporal, melted
As breath into the wind. – Would they had stay'd!

BANQUO
Were such things here as we do speak about,
Or have we eaten of the insane root,
That takes the reason prisoner?

MACBETH
Your children shall be kings.

BANQUO
You shall be king.

MACBETH
And thane of Cawdor too, went it not so?

BANQUO
To the selfsame tune, and words. – Who's here?

MACBETH
Bleibt, ihr einsilb'gen Sprecher, sagt mir mehr!
Mich macht, so hör' ich, Sinels Tod zum Glamis;
Doch wie zum Cawdor? Der Than von Cawdor lebt
Als ein beglückter Mann; und König sein,
Das steht so wenig im Bereich des Glaubens,
Als Than von Cawdor. Sagt, von wannen euch
Die wunderbare Kunde ward? weshalb
Auf dürrer Heid' ihr unsre Schritte hemmt
Mit so prophet'schem Gruß – Sprecht, ich beschwör' euch!

Die Hexen verschwinden

BANQUO
Die Erd' hat Blasen, wie das Wasser hat:
So waren diese – wohin schwanden sie?

MACBETH
In Luft, und was uns Körper schien, zerschmolz
Wie Hauch im Wind. Oh, wären sie noch da!

BANQUO
War so was wirklich hier, wovon wir sprechen?
Oder aßen wir von jener gift'gen Wurzel,
Die die Vernunft bewältigt?

MACBETH Eure Kinder,
Sie werden Kön'ge.

BANQUO Ihr sollt König werden.

MACBETH
Und Than von Cawdor auch; hieß es nicht so?

BANQUO
Ganz so in Weis' und Worten. Wer kommt da?

Enter Rosse and Angus

ROSSE
The king hath happily receiv'd, Macbeth,
The news of thy success: and when he reads
Thy personal venture in the rebels' fight,
His wonders and his praises do contend
Which should be thine, or his. Silenc'd with that,
In viewing o'er the rest o' the selfsame day,
He finds thee in the stout Norweyan ranks,
Nothing afeard of what thyself didst make,
Strange images of death. As thick as hail,
Came post with post, and every one did bear
Thy praises in his kingdom's great defence,
And pour'd them down before him.

ANGUS We are sent,
To give thee from our royal master thanks,
Only to herald thee into his sight,
Not pay thee.

ROSSE
And, for an earnest of a greater honour,
He bade me, from him, call thee thane of Cawdor:
In which addition, hail, most worthy thane,
For it is thine.

BANQUO What! can the devil speak true?

MACBETH
The thane of Cawdor lives: why do you dress me
In borrow'd robes?

ANGUS Who was the thane, lives yet,
But under heavy judgment bears that life

Rosse und Angus treten auf

ROSSE
Der König hörte hocherfreut, Macbeth,
Die Kunde deines Sieges; und wenn er liest,
Wie im Rebellenkampf du selbst dich preisgabst,
So streiten in ihm Staunen und Bewunderung,
Was dir, was ihm gehört. Doch überschauend,
Was noch am selb'gen Tag geschehn, verstummt er;
In Norwegs kühnen Schlachtreihn sieht er dich,
Vor dem nicht bebend, was du selber schufest,
Abbilder grausen Tods. Wie Wort auf Wort
In schneller Rede, so kam Bot' auf Bote,
Und jeder trug dein Lob, im großen Kampf
Für seinen Thron, und schüttet's vor ihm aus.

ANGUS
Wir sind gesandt vom königlichen Herrn,
Dir Dank zu bringen; vor sein Angesicht
Dich zu geleiten nur, nicht dir zu lohnen.

ROSSE
Und als das Handgeld einer größern Ehre,
Hieß er, als Than von Cawdor dich zu grüßen:
Heil dir in diesem Titel, würd'ger Than!
Denn er ist dein.

BANQUO Wie! Spricht der Teufel wahr?

MACBETH
Der Than von Cawdor lebt: was kleidet ihr
Mich in erborgten Schmuck?

ANGUS Der Than war, lebt noch;
Doch unter schwerem Urteil schwebt das Leben,

Which he deserves to lose. Whether he was combin'd
With those of Norway, or did line the rebel
With hidden help and vantage, or that with both
He labour'd in his country's wrack, I know not,
But treasons capital, confess'd and prov'd,
Have overthrown him.

MACBETH Glamis, and thane of Cawdor:
The greatest is behind. – Thanks for your pains. –
Do you not hope your children shall be kings,
When those that gave the thane of Cawdor to me
Promis'd no less to them?

BANQUO That, trusted home,
Might yet enkindle you unto the crown,
Besides the thane of Cawdor. But 'tis strange:
And oftentimes, to win us to our harm,
The instruments of darkness tell us truths,
Win us with honest trifles, to betray's
In deepest consequence (...)

Neal Ascherson: Scottish Contradictions

There is a storm coming that shall try your foundation.
Scotland must be rid of Scotland before the delivery come.
James Renwick, on the scaffold in 1668.

I would argue that there remains one, and only one, contradiction in Scottish society which is fundamental. This is the old contradiction between self-assertion and self-distrust.

It would of course be easy to propose many other contradictions. We live in a rich country and yet are

Das er verwirkt. Ob er im Bund mit Norweg;
Ob, Rückhalt der Rebellen, er geheim
Sie unterstützte; ob vielleicht mit beiden
Er half zu seines Lands Verderb – ich weiß nicht;
Doch Hochverrat, gestanden und erwiesen,
Hat ihn gestürzt.

MACBETH Glamis und Than von Cawdor:
Das Höchst' ist noch zurück. – Dank eurer Müh!
Hofft ihr nicht euren Stamm gekrönt zu sehen,
Da jene, die mich Than von Cawdor nannten,
Nichts Mindres prophezeit?

BANQUO Darauf gefußt,
Möcht' es wohl auch zur Krone euch entflammen,
Jenseits dem Than von Cawdor. Aber seltsam!
Oft, und in eignes Elend zu verlocken,
Erzählen Wahrheit uns des Dunkels Schergen,
Verlocken uns durch schuldlos Spielwerk, uns
Dem tiefsten Abgrund zu verraten (...)

Neal Ascherson: Schottische Widersprüche

Es zieht ein Sturm herauf, der eure Fundamente erschüttern wird. Schottland muss sich von Schottland trennen, ehe die Erlösung kommt.

James Renwick auf dem Schafott, 1668

Ich behaupte, dass in der schottischen Gesellschaft nur ein einziger Widerspruch fortbesteht, der grundlegend ist, und das ist der alte Widerspruch zwischen Selbstvertrauen und Selbstzweifel.

Natürlich wäre es ein leichtes, noch viele weitere Widersprüche zu finden. Wir leben in einem reichen Land und

poor; we appear to have the means for self-sufficiency, in terms of resources and land, and yet are economically dependent. We consider the further diffusion of political authority, within Scotland as within Britain, as an almost unquestionable good, however we interpret the content of the word 'devolution', and yet Scotland is a country regionalized, fragmented and divided by geography and tradition to a degree which I find frightening enough already.

But I believe that many Scottish contradictions can be discussed within the broad self-assertion/self-distrust paradox. Take for example the mystery of a people almost extravagantly devoted to the events of its own past, and at the same time so amazingly indifferent to preserving the monuments of that past. When Glasgow destroys a medieval university to build a goods yard, or when Edinburgh University blows its monstrous and still expanding crater of devastation in the midst of the seventeenth- and eighteenth-century buildings of the South Side, we would appear to be confronting a society which prefers its past good and dead and even dematerialized into myth. The antiquarianism of Walter Scott, who would certainly have fought against both acts of official vandalism, was none the less of this nature. Scottish history was only safe for the historian or novelist to approach and touch when it was certain that the beast's limbs, the Cameronian tradition, for example, had finally lost the power of movement. Only then could *Old Mortality* be written, even-handedly sanctifying the brave men on either side at Bothwell Brig. Live Scottish history was to be feared. People might act upon it, imperilling the stable

sind trotzdem arm; wir haben dem Anschein nach genügend Ressourcen und Boden, um uns selbst zu versorgen, und sind doch wirtschaftlich abhängig. Wir halten eine weitergehende Dezentralisierung politischer Entscheidungsgewalt sowohl in Schottland als auch in Großbritannien für etwas geradezu unhinterfragbar Gutes, wie immer man den Begriff «Devolution» auslegt, und doch ist Schottland schon jetzt in beängstigendem Maße regionalisiert, zerstückelt und durch Geographie und Geschichte geteilt.

Dennoch glaube ich, dass man viele schottische Gegensätze vor dem Hintergrund des elementaren Widerspruchs zwischen Selbstvertrauen und Selbstzweifel erörtern kann. Nehmen wir als Beispiel das Rätsel, warum dieses Volk sich fast übertrieben mit den Ereignissen seiner Vergangenheit beschäftigt und gleichzeitig unglaublich gleichgültig ist gegenüber der Bewahrung von Zeugnissen eben dieser Vergangenheit. Wenn Glasgow eine mittelalterliche Universität abreißt, um einen Güterbahnhof anzulegen, oder wenn die Universität von Edinburgh in der Südstadt zwischen Häusern aus dem siebzehnten und achtzehnten Jahrhundert einen ungeheuren, immer größer werdenden Krater der Verwüstung sprengt, dann könnte man glauben, es mit einer Gesellschaft zu tun zu haben, die ihre Geschichte begraben oder gar in nebulöse Mythen auflösen möchte. Auch die altertümelnde Neigung eines Walter Scott, obwohl er gewiss gegen beide Akte von bürokratischem Vandalismus zu Felde gezogen wäre, war von dieser Art. Der Historiker oder Romancier konnte sich der schottischen Geschichte nur dann nähern und sie berühren, wenn er sicher war, dass die Glieder der Bestie, zum Beispiel die Tradition der Camerons, sich nicht mehr rühren konnten. Erst dann konnte «Old Mortality» geschrieben werden, wo unterschiedslos die tapferen Männer auf beiden Seiten der Bothwell Brig verherrlicht werden. Lebendige schottische Geschichte war etwas, das man fürchtete, denn es war ja möglich, dass sie Menschen

order of the present. The battlefield must be tastefully landscaped, a place for peaceful self-congratulation without partisanship except that of the most harmless and sentimental kind. Self-assertion and self distrust …

Our country is very individualist, but not very democratic. Self-distrust has focused on the possibility of self-government, as if national feeling and pride were – in a contradictory manner – private emotions which had no place in the public domain. The Scottish versions of history seem to oscillate between extolling the virtues of passive suffering and glorifying moments of volcanic, almost involuntary violence. Where are the episodes in which the Scottish people, by holding together and labouring patently and wisely, achieved something?

We are beginning to escape from the great contradiction now. But self-government, even independence, cannot normalize Scotland by themselves. They must lead on to a cultural revolution, a society in which the people rebel, easily and good-humouredly, every day of their lives. Then, and not when we are rid of ourselves, will the delivery come.

Alastair Reid: The Scots and the English

That Scotland is a part of the United Kingdom is an almost inevitable accident; at the same time, the unity of the English and the Scots should never be assumed. It was Sir Walter Scott who pointed out that the Scots and the English had fought three hundred

zum Handeln bewegte und dadurch die stabile Ordnung der Gegenwart gefährdete. Das Schlachtfeld musste geschmackvoll hergerichtet werden, als Ort friedlicher Selbstbeweihräucherung, wo man nicht Partei ergriff oder höchstens auf unanstößige, rührselige Weise. Selbstvertrauen und Selbstzweifel …

Unser Land ist sehr individualistisch, aber nicht sehr demokratisch. Der Selbstzweifel konzentriert sich auf die Möglichkeit der politischen Selbstbestimmung, so als ob Nationalgefühl und Nationalstolz Empfindungen des Einzelnen wären, die dazu im Widerspruch stünden und in der Öffentlichkeit keinen Platz hätten. Die schottischen Geschichtsdarstellungen schwanken zwischen dem Lob der Tugend passiven Erduldens und der Verherrlichung von Augenblicken eruptiver, fast reflexhafter Gewalt. Wo sind die Episoden, in denen das schottische Volk, indem es zusammenhielt und geduldig und klug vorging, etwas erreichte?

Wir beginnen allmählich, uns von diesem großen Widerspruch zu befreien. Aber Selbstbestimmung oder gar Selbstständigkeit allein können Schottland noch keine Normalität bringen. Sie müssen zu einer Kulturrevolution führen, zu einer Gesellschaft, in der die Menschen Tag für Tag unverkrampft und heiter rebellieren. Erst dann, und nicht wenn wir uns von uns selber trennen, wird die Erlösung kommen.

Alastair Reid: Schotten und Engländer

Dass Schottland zum Vereinigten Königreich gehört, hat sich so ergeben und war kaum zu vermeiden; man sollte aber niemals unterstellen, dass Engländer und Schotten deswegen eine Einheit bilden. Sir Walter Scott hat darauf hingewiesen, dass Schotten und Engländer einander dreihundertvierzehn

and fourteen major battles against one another before their union; this kind of historical animosity does not disappear overnight. The fact remains that the two countries are altogether distinct in temperament and manner, and their conjunction, although it is by now a working one, has never been resolved to the satisfaction of either ...

Of all the grievances nursed by the Scots, none is greater than the fact that the English apparently do not bother to hate back. Still, some of my English friends have owned up to an anti-Scottish disposition. 'What really gets me down,' said one businessman in the City, 'is the incredible myth – created undoubtedly by Scots – of their own reliability, their good sense, their business shrewdness. It used to be said in the City that a Scots accent was worth an extra thousand pounds a year. The Scots sound literally too good to be true, and they are, at that.'

George Orwell: Scottish Nationalism

Up to date the Scottish Nationalist movement seems to have gone almost unnoticed in England. To take the nearest example to hand, I don't remember having seen it mentioned in *Tribune*, except occasionally in book reviews. It is true that it is a small movement, but it could grow, because there is a basis for it. In this country I don't think it is enough realized – I myself had no idea of it until a few years ago – that Scotland has a case against England. On economic grounds it may not be a very strong case. In the past, certainly, we have plundered Scotland shamefully, but whether is is *now* true that England as a whole

größere Schlachten lieferten, bevor es zur Union kam. Diese Art von historischer Feindseligkeit verschwindet nicht über Nacht. Es ist einfach so, dass die beiden Länder in Charakter und Lebensart grundverschieden sind, und ihre Verbindung, auch wenn sie inzwischen damit leben können, hat sich nie zur Zufriedenheit der beiden entwickelt …

Vieles ärgert die Schotten, am meisten aber die Tatsache, dass die Engländer anscheinend gar nicht daran denken, ihre Abneigung zu erwidern. Dennoch haben einige meiner englischen Freunde bekannt, sie seien anti-schottisch eingestellt. «Was mir auf die Nerven geht», sagte ein Geschäftsmann aus der Londoner City, «ist dieser unglaubliche Mythos – zweifellos von den Schotten selbst erfunden –, wonach sie zuverlässig und vernünftig seien und etwas von Geschäften verstünden. Früher hieß es in der City, für einen schottischen Akzent bekäme man tausend Pfund mehr im Jahr. Die Schotten klingen buchstäblich zu gut, um wahr zu sein – und sind es auch!»

George Orwell: Schottischer Nationalismus

Bis heute hat anscheinend kaum jemand in England der nationalistischen Bewegung unter den Schotten Beachtung geschenkt. Um ein naheliegendes Beispiel zu nehmen: Ich kann mich nicht erinnern, dass in der «Tribune» je die Rede davon war, außer gelegentlich in Buchbespechungen. Sicherlich ist es zur Zeit nur eine kleine Bewegung, aber sie könnte sich ausbreiten, denn die Grundlage dafür ist vorhanden. Es wird meines Erachtens in diesem Land nicht hinreichend zur Kenntnis genommen – auch mir selbst ist es erst vor wenigen Jahren klar geworden – dass Schottland Grund hat, sich gegen England zu wehren. Wirtschaftlich gesehen mögen diese Gründe nicht sehr überzeugend sein. Zweifellos haben

exploits Scotland as a whole, and that Scotland would be better off if fully autonomous, is another question. The point is that many Scottish people, often quite moderate in outlook, are beginning to think about autonomy and to feel that they are pushed into an inferior position. They have a good deal of reason. In some areas, at any rate, Scotland is almost an occupied country. You have an English or anglicized upper class, and a Scottish working class which speaks with a markedly different accent, or even, part of the time, in a different language. This is a more dangerous kind of class division than any now existing in England. Given favourable circumstances it might develop in an ugly way, and the fact that there was a progressive Labour Government in London might not make much difference.

No doubt Scotland's major ills will have to be cured along with those of England. But meanwhile there are things that could be done to ease the cultural situation. One small but not negligible point is the language. In the Gaelic-speaking areas, Gaelic is not taught in the schools. I am speaking from limited experience, but I should say that this is beginning to cause resentment. Also, the BBC only broadcasts two or three half-hour Gaelic programmes a week, and they give the impression of being rather amateurish programmes. Even so they are eagerly listened to. How easy it would be to buy a little goodwill by putting on a Gaelic programme at least once daily.

At one time I would have said that it is absurd to keep alive an archaic language like Gaelic, spoken by only a few hundred thousand people. Now I am not so sure. To begin with, if people feel that they have a special culture which ought to be preserved, and that

wir Schottland in der Vergangenheit schändlich ausgebeutet, aber ob auch heute noch die Verallgemeinerung stimmt, dass *die* Engländer *die* Schotten ausbeuten, ist fraglich. Der entscheidende Punkt ist, dass viele Schotten, auch solche, deren Einstellung gemäßigt ist, zunehmend über Autonomie nachdenken und das Gefühl haben, dass sie in eine benachteiligte Stellung gedrängt werden. Damit haben sie durchaus Recht. Mindestens in mancher Hinsicht ist Schottland ein besetztes Land. Es gibt dort eine englische oder anglisierte Oberschicht und eine schottische Arbeiterklasse, die mit einem deutlich anderen Akzent oder zeitweilig sogar in einer anderen Spache spricht. Diese Art von Klassenunterschied ist weit gefährlicher als alles, was wir zur Zeit in England haben. Unter bestimmten Umständen könnte er sich auf sehr unschöne Weise entwickeln, und daran würde dann auch eine progressive Labour-Regierung in London nicht viel ändern.

Es ist klar, dass die schwerwiegenden Mißstände in Schottland sich nur gemeinsam mit jenen in England beseitigen lassen. Bis dahin könnte man aber einiges tun, um die kulturelle Situation zu verbessern. Ein kleiner, aber nicht zu unterschätzender Punkt ist dabei die Sprache. In den Regionen, in denen noch Gälisch gesprochen wird, ist Gälisch kein Schulfach. Aus meiner eigenen, wenn auch begrenzten Erfahrung kann ich sagen, dass das zunehmend Verärgerung hervorruft. Die BBC sendet pro Woche nur zwei oder drei halbstündige Programme in Gälisch, und diese sind obendrein stümperhaft gemacht. Dennoch finden sie bei den Hörern großen Zuspruch. Wie leicht könnte man sich Sympathien erwerben, wenn wenigstens einmal am Tag ein gälisches Programm gesendet würde.

Früher hätte ich gesagt, es sei doch unsinnig, eine altertümliche Sprache wie das Gälische, die nur noch von ein paar hunderttausend Menschen gesprochen wird, am Leben erhalten zu wollen. Heute bin ich mir da nicht mehr so sicher. Erstens einmal sollte man Menschen, die ihre Kultur und als Bestand-

the language is part of it, difficulties should not be put in their way when they want their children to learn it properly. Secondly, it is probable that the effort of being bilingual is a valuable education in itself. The Scottish Gaelic-speaking peasants speak beautiful English, partly, I think, because English is an almost foreign language which they sometimes do not use for days together. Probably they benefit intellectually by having to be aware of dictionaries and grammatical rules, as their English opposite numbers would not be.

At any rate, I think we should pay more attention to the small but violent separatist movements which exist within our own island. They may look very unimportant now, but, after all, the Communist Manifesto was once a very obscure document, and the Nazi Party only had six members when Hitler joined it.

H.V. Morton: In Search of Scotland

I was sitting on a stone in the grass beside the broken north aisle of Melrose Abbey. Birds were singing; and I had just drunk a glass of beer with a bow-legged man who told me endless, and probably apocryphal, stories of the Duke of Buccleuch's hounds. If I was thinking of anything it was that Melrose is the most beautiful of Border towns. It must have improved since Walter Scott's time, because he states that Kelso is the most beautiful, if not the most romantic, place on the Borderland. I cannot think that anyone would prefer Kelso

teil davon ihre Sprache als etwas Besonderes und Erhaltenswertes ansehen, keine Hindernisse in den Weg legen, wenn sie möchten, dass ihre Kinder diese Sprache richtig erlernen. Zweitens sind die Mühen, die eine zweisprachige Erziehung mit sich bringt, etwas Nützliches. Die schottische Landbevölkerung, deren erste Sprache Gälisch ist, spricht ein wunderschönes Englisch, zum Teil wohl deshalb, weil Englisch für sie so etwas wie eine Fremdsprache ist, die sie oft tagelang nicht benutzen. Anders als ihre englischen Nachbarn müssen sie sich mit Wörterbüchern und grammatischen Regeln befassen, und daraus ziehen sie wahrscheinlich geistigen Gewinn.

Jedenfalls sollten wir, glaube ich, den kleinen, aber radikalen Separatistenbewegungen, die es auf unserer Insel gibt, mehr Beachtung schenken. Sie kommen uns heute vielleicht unwichtig vor, aber schließlich war auch das Kommunistische Manifest anfangs nichts als ein unbedeutendes Schriftstück, und die Nazipartei hatte nur sechs Mitglieder, als Hitler zu ihr stieß.

H.V. Morton: Auf der Suche nach Schottland

Ich saß auf der Wiese am Querschiff der Ruine von Melrose Abbey auf einem Stein. Die Vögel zwitscherten. Ich hatte gerade mit einem krummbeinigen Mann, der mir lange und wahrscheinlich nicht verbürgte Geschichten über die Jagdhunde des Herzogs von Buccleuch erzählte, ein Bier getrunken. Soweit ich überhaupt etwas dachte, war es, dass Melrose die schönste Stadt im schottischen Grenzland ist. Es muss sich seit Walter Scotts Zeit gemausert haben, denn er behauptet, Kelso sei der schönste, vielleicht sogar der romantischste Ort im Grenzland. Ich kann mir nicht denken, dass irgend jemand heute Kelso über Melrose stellen

to Melrose. Melrose is just as Scottish as Kelso is French.

I became aware of a strange scratch and rustle on the other side of the wall. Someone was trying to walk along the narrow ledge and turn the corner without falling off. Then – such strange things do occasionally happen to the traveller – a remarkably long, slim leg in a brown silk stocking appeared round the corner of the wall and felt blindly for a foothold. Lower and lower it felt, revealing itself with the generosity of authentic beauty.

My intention, which was to spring forward helpfully and guide the foot to a stone, was arrested by the sight of a narrow tartan garter. The next instant a girl with very blue eyes was pulling her skirt down over her knees.

'My!' she said, 'you bet I wouldn't have done that fool thing if I had known there was an audience.'

'Boston!' I said to myself.

I assured her that I had been fast asleep. American girls of this type go round the world in ecstatic troops attended sometimes by a slightly older girl even more lovely than her charges. I looked round for the rest of the college.

'I guess you haven't see a guide-book lying around?'

'No,' I replied, hastily making a search among the daisies.

'Darn it!' she said. 'I've come back for it. I want to read about the Heart.'

'Bruce's heart?'

'Sure.'

'Shall I tell you?'

'Why, certainly, if you know the story.'

würde. Melrose ist durch und durch schottisch und Kelso französisch.

Ich bemerkte ein Scharren und Rascheln auf der anderen Seite der Mauer. Irgendwer versuchte, auf dem schmalen Grat zu gehen und die Biegung zu nehmen, ohne herunterzufallen. Und dann – mitunter erlebt ein Reisender sonderbare Dinge – kam hinter der Mauerecke ein bemerkenswert langes schlankes Bein in einem braunen Seidenstrumpf hervor und tastete nach einem Halt. Es tastete immer weiter abwärts und bot sich dem Blick mit schöner Freizügigkeit.

Gerade wollte ich aufspringen, um zu helfen und dem Fuß einen Vorsprung zu weisen, da hielt mich der Anblick eines schmalen, schottisch karierten Strumpfbandes zurück. Im nächsten Augenblick zog ein junges Mädchen mit sehr blauen Augen ihren Rocksaum über die Knie hinunter.

«Oh Mann!» sagte sie. «Wenn ich geahnt hätte, dass ich Zuschauer habe, dann hätte ich den Quatsch nicht gemacht.»

«Boston!» dachte ich bei mir.

Ich versicherte ihr, ich hätte tief geschlafen. Junge Amerikanerinnen dieses Typs reisen gern in überschwänglichen Gruppen durch die Welt, manchmal unter Führung eines nur wenig älteren Mädchens, das noch hübscher ist als seine Schutzbefohlenen. Ich sah mich nach dem Rest der College-Gruppe um.

«Sie haben hier nicht zufällig einen Reiseführer herumliegen sehen?»

«Nein», antwortete ich und beeilte mich, zwischen den Gänseblümchen zu suchen.

«Verflixt!» sagte sie. «Den suche ich nämlich. Ich will nachsehen, was über das Herz drinsteht.»

«Das Herz von Bruce?»

«Genau.»

«Soll ich Ihnen davon erzählen?»

«Ja, gern, wenn Sie die Geschichte kennen.»

'Have a cigarette?'

'Well, yes, I guess I will.'

I told the story, which, I suppose, every Scottish school child must know, for it seems to possess every sign of being the Scottish equivalent of England's story of Alfred and the cakes. When Bruce was dying he ordered that they should cut his heart from his body, place it in a casket, and take it on a pilgrimage to the Holy Land. The Douglas took it, but, being a good Scotsman, got into a fight in Spain, where he was slain in a battle with the Moors. The heart of the Bruce, denied greater sanctuary, was brought home and buried before the high altar of Melrose Abbey.

'I think it is a perfectly horrible story,' said the girl. 'Those old boys did some awful things with themselves alive or dead.'

She smoked reflectively.

'I suppose it's true?'

'In 1920, I am told on excellent authority, the Office of Works discovered, during excavations here, a casket containing a heart. It was said to be Bruce's heart. Then someone found that it was not buried in the right place, so they concluded that it must have been the heart of a monk.'

'You don't say so!' she said, which is American for our equally idiotic 'Not really!'

I looked at her critically as she sat with her superb legs crossed, flicking cigarette ash on the daisies. She was a perfect flower of the New World. All this was to her improbable and unreal. She was slightly contemptuous. It was rather stimulating. Most American girls of her age are generally so eager to absorb the history of a new country that

«Zigarette?»

«Ja, warum nicht.»

Ich erzählte ihr die Geschichte, die vermutlich jedes schottische Schulkind kennt, denn allem Anschein nach ist sie das schottische Gegenstück zur englischen Geschichte von König Alfred und den Kuchen. Als Bruce im Sterben lag, befahl er, dass man ihm das Herz aus dem Leib schneiden und es in ein Gefäß legen und auf eine Pilgerfahrt ins Heilige Land mitnehmen solle. Douglas nahm es an sich, aber als guter Schotte wurde er in Spanien in einen Kampf verwickelt und starb in einer Schlacht gegen die Mauren. Das Herz des Bruce wurde, da ihm eine bedeutendere Ruhestatt verwehrt blieb, nach Hause zurück gebracht und vor dem Hochaltar von Melrose Abbey begraben.

«Ich finde das eine grässliche Geschichte», sagte das Mädchen. «Diese Kerle haben sich früher wirklich Scheußliches angetan, lebendig oder tot.»

Sie zog nachdenklich an ihrer Zigarette.

«Vermutlich ist das wahr?»

«Aus zuverlässiger Quelle weiß ich, dass das Amt für Bauwesen hier 1920 bei Ausgrabungen ein Gefäß mit einem Herzen gefunden hat. Man sagte, es sei das Herz des Bruce. Dann stellte jemand fest, dass es nicht an der richtigen Stelle vergraben war, und daraus folgerte man, es müsse das Herz eines Mönchs gewesen sein.»

«Echt?» sagte sie, was die amerikanische Entspechung unseres genauso blödsinnigen «Ehrlich?» ist.

Ich betrachtete sie kritisch, wie sie dasaß, ihre bildschönen Beine übereinander geschlagen, und Zigarettenasche auf die Gänseblümchen schnickte. Sie war ein vollkommenes Gewächs der Neuen Welt. Ihr erschien das alles unwahrscheinlich und unwirklich. Sie wirkte sogar ein wenig herablassend. Ich fand das wunderbar. Die meisten jungen Amerikanerinnen ihres Alters saugen die Geschichte eines neuen Landes

their brains are frequently a chamber of horrors in which Edward the Conqueror and William the Confessor chase one another through labyrinths of wild inaccuracy. This brain was beautifully free from history.

'Do you like Scotland?'

'No, I like Paris.'

I wanted to ask her why she wore tartan garters, but at this point a sallow American wearing horn spectacles came round the corner and said:

'So there you are! Ma and I have been bawling the place down.'

'Hallo, Daddy! I've been learning things.'

Her father was one of those middle-aged Americans with eyes of steel and a heart full of queer nooks and crannies of emotion. As soon as I saw him I knew that he was embarked on one of those sentimental journeys which happen to all successful Americans. I do not know whether Polish Americans, German Americans, Czecho-Slovakian Americans, Italian Americans, or all the other kind of Americans, are to be discovered pervading the churchyards of Europe with an air of wistful uncertainty; but I do know that every American with English, Scottish, or Irish blood in him comes back at some time to find his roots. They drift about unlikely towns and villages like prosperous ghouls, poring over old parish registers with expectant fingers, and standing for a long time before half-obliterated tombstones. This, I think, is the most lovable trait in the character of the American.

Scotland was, to this man, a tremendous romance. I was inclined to think that his daughter's diffidence was a barrier which she had erected as a protection

so begierig auf, dass ihre Köpfe die reinsten Gruselkabinette sind, in denen Eduard der Eroberer und Wilhelm der Bekenner einander durch Labyrinthe wildester Entstellungen verfolgen. Dieser Kopf war auf erfrischende Weise frei von jeglicher Geschichtskenntnis.

«Gefällt Ihnen Schottland?»

«Nein, Paris gefällt mir besser.»

Ich hätte sie gerne gefragt, warum sie dann karierte Strumpfbänder trug, aber in diesem Augenblick kam ein blasser Amerikaner mit Hornbrille um die Ecke und sagte:

«Ach, da bist du! Ma und ich haben uns schon die Seele aus dem Leib geschrien.»

«Hallo, Daddy! Ich hab gerade was Neues gelernt.»

Ihr Vater war einer dieser Amerikaner mittleren Alters mit stahlhartem Blick und einem Herzen, in dessen Winkeln und Nischen sich unerwartete Gefühle verbergen. Ich wusste gleich, als ich ihn sah, dass er sich auf einer dieser nostalgischen Reisen befand, wie sie allen erfolgreichen Amerikanern zustoßen. Ich weiß nicht, ob auch Amerikaner polnischer, deutscher, tschechoslowakischer, italienischer oder sonstiger Abstammung auf den Friedhöfen Europas zu finden sind, wo sie gedankenverloren und ziellos umherstreifen; aber ich weiß, dass alle Amerikanner, in deren Adern englisches, schottisches oder irisches Blut fließt, irgendwann in die Heimat zurückkehren, um nach ihren Wurzeln zu forschen. Sie spuken in den unwahrscheinlichsten Städtchen und Dörfern umher wie wohlhabende Geister, brüten mit erwartungsvollem Zeigefinger über alten Taufregistern und verweilen lange vor verwitterten Grabsteinen. Dies ist, wie ich finde, die liebenswerteste Eigenschaft der Amerikaner.

Für diesen Mann war Schottland ein einziges Märchen. Ich glaube fast, dass die Nüchternheit seiner Tochter ein Schutzschild war, den sie gegen seine Begeisterung aufge-

against his enthusiasm. In level tones, like a strong man sawing a gigantic tree, he spoke to me shyly of seeing Scotland for the first time, of finding all kinds of memories awakening in him – memories of his father and, more dimly, of his grandfather. And as he talked his steely eyes softened and belied the matter-of-factness of his words.

'We came from Perth in the 'forties, I guess,' he said. His eyes kindled. 'We are a sept of the Clan Macdonald.'

'A nice bright tartan,' I said, with a glance at the girl.

'Beast!' she said quickly.

'But, I guess,' his voice sawed on, 'there are none of our family here now; but I do remember my father said that my grandfather was buried in Perth. It is just fine to be here at last.'

He smiled. I liked him. It was a pity he could not have left his women in Paris. Somewhere deep down in him his Scots blood was stirring, puzzling him a lot, I think. I wondered how many of these wanderers really find their roots or know them when they see them.

Herman Melville: Kaleedoni

Purposing a visit to Kaleedoni, a country integrally united to Dominora, our course now lay north ward along the western white cliffs of the isle. But finding the wind ahead, and the current too strong for our paddlers, we were fain to forgo our destination ...

richtet hatte. Mit einer Stimme, die so eintönig klang wie das Sägen eines starken Mannes an einem riesigen Baum, erzählte er mir schüchtern, dass dies sein erster Besuch in Schottland sei und allerlei Erinnerungen in ihm wach würden – an seinen Vater und, undeutlicher, an seinen Großvater. Und während er sprach, wurde sein stählerner Blick weicher und strafte die Schmucklosigkeit seiner Worte Lügen.

«Wir kamen, glaube ich, in den vierziger Jahren aus Perth», sagte er. In seinen Augen blitzte es. «Wir sind ein Zweig des Clan Macdonald.»

«Die haben ein schönes, leuchtendes Karomuster», sagte ich mit einem Blick auf das Mädchen.

«Schuft!» sagte sie schnell.

«Aber ich glaube», fuhr seine sägende Stimme fort, «hier gibt es niemanden aus unserer Familie mehr. Ich erinnere mich aber, dass mein Vater sagte, mein Großvater liege in Perth begraben. Es ist wirklich schön, endlich hier zu sein.»

Er lächelte. Ich mochte ihn. Es war schade, dass er seine Frauen nicht in Paris hatte lassen können. Irgendwo in seinem Innersten regte sich sein schottisches Blut und gab ihm, denke ich, einige Rätsel auf. Wie viele dieser Wanderer, fragte ich mich, entdecken wirklich ihre Wurzeln oder erkennen sie, wenn sie sie sehen.

Herman Melville: Kaleedoni

Da wir beabsichtigten, Kaleedoni zu besuchen, ein Land, das fest mit Dominora verbunden ist, nahmen wir nun Kurs nach Norden, entlang den weißen Klippen an der Westküste der Insel. Aber da uns der Wind entgegenblies und die Strömung zu stark war für unsere Ruderer, wollten wir schon von unserem Ziel ablassen …

And now, some conversation ensued concerning the country we were prevented from visiting. Our chronicler narrated many fine things of its people; extolling their bravery in war, their amiability in peace, their devotion in religion, their penetration in philosophy, their simplicity and sweetness in song, their loving-kindness and frugality in all things domestic: – running over a long catalogue of heroes, metaphysicians, bards, and good men.

But as all virtues are convertible into vices, so in some cases did the best traits of these people degenerate. Their frugality too often became parsimony, their devotion grim bigotry ...

In Kaleedoni was much to awaken the fervour of its bards. Upland and lowland were full of the picturesque; and many unsung lyrics yet lurked in her glens. Among her blue, heathy hill, lingered many tribes, who in their wild and tattooed attire still preserved the garb of the mightiest nation of old times. They bared the knee, in token that it was honourable as the face, since it had never been bent.

Edwin Muir: A Country Without Future?

But I should like to put here my main impression, and it is that Scotland is gradually being emptied of its population, its spirit, its wealth, industry, art, intellect, and innate character. This is a sad conclusion; but it has some support on historical grounds. If a country exports its most enterprising spirits and best minds year after year, for fifty or a hundred

Und nun entspann sich ein Gespräch über jenes Land, an dessen Besuch wir gehindert wurden. Unser Chronist berichtete viel Gutes über seine Bewohner. Er lobte ihre Tapferkeit im Krieg, ihre Liebenswürdigkeit im Frieden, ihre Frömmigkeit im Glauben, ihren Tiefsinn in der Philosophie, die Schlichtheit und Melodik ihrer Lieder, ihre Großzügigkeit und Sparsamkeit in allen häuslichen Dingen – und leitete dann über zu einer langen Liste von Helden, Metaphysikern, Barden und großen Menschen.

Aber wie sich alle Tugenden in Laster verkehren können, so sind auch einige der besten Eigenschaften dieser Menschen entartet. Nur allzu oft wurde aus ihrer Sparsamkeit Geiz, aus ihrer Frömmigkeit finsteres Eifern …

In Kaleedoni gab es vieles, um die Leidenschaft seiner Barden zu wecken. Bergland wie Flachland waren voll malerischer Szenen, und in seinen Tälern nisteten viele ungesungene Lieder. In seinen blauen, heidekrautbewachsenen Bergen lebten noch viele wilde, tätowierte Stämme, deren Kleidung jener der mächtigsten Nation vergangener Zeiten glich. Ihre Kniee waren unbedeckt zum Zeichen, dass sie so ehrenhaft seien wie das Gesicht, da sie sich nie gebeugt hatten.

Edwin Muir: Land ohne Zukunft?

Aber ich möchte hier meinen hauptsächlichen Eindruck festhalten, und der ist, dass Schottland allmählich alles genommen wird: seine Bevölkerung, sein Mut, sein Wohlstand, seine Industrie, seine Kunst, seine Intelligenz und seine Eigenart. Das ist eine traurige Feststellung, für die aber einige historische Gründe sprechen. Wenn ein Land Jahr für Jahr über fünfzig oder hundert oder zweihundert Jahre hinweg

or two hundred years, some result will inevitably follow.

England gives some scope for its best; Scotland gives none; and by now its large towns are composed of astute capitalists and angry proletarians, with nothing that matters much in between. Edinburgh is a partial exception to this; but Edinburgh is a handsome, empty capital of the past. And as no civilisation that is composed merely of exploiters and exploited can endure for long, Glasgow, Dundee, Aberdeen, and Greenock are now following Edinburgh. They are monuments of Scotland's industrial past, historical landmarks in a country which is becoming lost to history.

Candia McWilliam: 'Stone'

We drove through the night. I awoke, as I always do, as we crossed the border. I have never outgrown that. The first small towns, with bannock in the windows and hosiery shops with the word spelt out in red and white stockings, the ugly villas with names tooled into the keystone – 'Ardrishaig', 'Kinphail', 'Sgreadan'; even the foodstuffs have Celtic names – 'Glenwheat', 'Tobermac Fish Bits'. No other country has fallen so hard for its own image in the funfair mirror. Tartan rock, and a Scottie dog for every pot. But it is to me the only serious place to be. The road opens out into rearing country after the border, and the coarse grass and blue roads shiver under the grudging, then hospitable, sun. Nowhere dirties the air quicker than

seine unternehmungsfreudigsten und klügsten Geister exportiert, dann hat das unweigerlich Folgen.

England räumt seinen Besten einen Spielraum ein, Schottland nicht; mittlerweile gibt es in seinen größeren Städten gewitzte Kapitalisten und zornige Proletarier, aber dazwischen nichts von Bedeutung. Edinburgh stellt eine gewisse Ausnahme dar, aber Edinburgh ist eine hübsche, leere Hauptstadt aus der Vergangenheit. Und keine Zivilisation, die nur aus Ausbeutern und Ausgebeuteten besteht, kann lange überdauern. Glasgow, Dundee, Aberdeen und Greenock folgen jetzt alle dem Beispiel Edinburghs. Sie sind Denkmäler der industriellen Vergangenheit Schottlands, historische Stätten in einem Land, das immer mehr in seiner eigenen Geschichte versinkt.

Candia McWilliam: «Stone», mein Haus

Wir fuhren die Nacht durch. Wie immer erwachte ich, als wir die Grenze überquerten. Das war schon immer so. Die ersten Städtchen mit schottischem Brot in den Schaufenstern, und Strumpfwarengeschäfte, deren Name mit rot-weißen Socken buchstabiert ist, und hässliche Wohnhäuser, über deren Tür Namen wie «Ardrishaig», «Kinphail», «Sgreadan» eingemeißelt sind; sogar die Lebensmittel haben keltische Namen: «Glenwheat», «Tobermac Fischhappen». Kein anderes Land ist so ganz und gar seinem eigenen Bild im Jahrmarktsspiegel verfallen. Zuckerstangen mit Karomuster, und ein Scotchterrier auf jedem Blumentopf. Trotzdem ist dies für mich der einzige Ort, an dem ich wirklich sein möchte. Hinter der Grenze führt die Straße in eine ansteigende Landschaft, das harte Gras und die bläulichen Straßen erschauern unter der zuerst sparsamen, später einladenden Sonne. Nirgends wird

Scotland with all its swearing, drinking, cigarettes and dying factories. The gas towers over Grangemouth hold sulphur orange and a copper green up into the sky like brushes full of poster colour. But there is more air to dirty than in the rest of Britain, and each morning is new, the old day having cleared its throat and gone during the short night of the north.

Past the green flocking hills, always between the walls of dry stones which are clapped together at the top like hands, and past big harled houses with too little window and slipping turrets at their shoulder, and with not flowers but green vegetables on the south walls. If any of it were to disappear, I would still see it, for I see, of course, with sentimental eyes. What would another make of it? I am partial.

The car snicked between the Crook Inn and its walled garden on the other side of the road. The gate into the garden, against the freshly colouring sky, was flat as a nursery frieze, two woolly lambs flanked by two shepherds' crooks, white flat iron, white as milk and wool. There are those words used by tourists to Scotland – 'beauty spot', suggesting contrivance and falseness. The Lowlands have nothing of vain beauty though; they are protective, gentle, reliable, nurse to the rakeheaven grande-dame of the Highlands. Those mountains put on black and diamonds at night. Down here in the Lowlands, there is a shawl of mist in the country and a good rabbit fur of fag-ash over the towns. We may omit the Lion of Glasgow and the Unicorn of Edinburgh. Each of those is singular.

Stone lies between the two, and is approached by an irregular drive. To arrive, it is necessary to pass

die Luft schneller verschmutzt als in Schottland mit seinem Fluchen und Trinken, den Zigaretten und sterbenden Fabriken. Die Gastürme über Grangemouth tupfen schwefliges Orange und Kupfergrün in den Himmel wie Pinsel voller Plakatfarbe. Aber es gibt hier mehr Luft zu verschmutzen als im restlichen Britannien, und jeder Morgen ist frisch, nachdem sich der alte Tag geräuspert und während der kurzen nördlichen Nacht davongemacht hat.

Vorbei an grünen Schafsherdenhügeln, immer zwischen Mäuerchen aus flachen Steinen, die zuoberst aneinander gelegt sind wie klatschende Hände, und vorbei an großen, rauh verputzten Häusern mit zu wenigen Fenstern und verrutschten Türmchen an der Schulter und Gemüse statt Blumen an der Südseite. Wenn etwas davon verschwände, würde ich es immer noch sehen, denn ich sehe natürlich mit dem Herzen. Was würden andere damit anfangen? Ich bin parteilich.

Das Auto zwängte sich zwischen den Crook Inn und seinen eingefriedeten Garten auf der anderen Straßenseite. Gegen den frisch angemalten Himmel wirkte das Tor zum Garten wie ein flacher Kindergartenfries, zwei flauschige Schafe zwischen zwei Hirtenstäben, weißes flaches Eisen, so weiß wie Milch und Wolle. Es gibt ein Wort, das Touristen in Schottland gerne benutzen: «bezaubernde Schönheit», was nach Künstlichkeit und Berechnung klingt. Aber an den Lowlands ist nichts von eitler Schönheit, sie sind fürsorglich, sanft, zuverlässig, wie eine Pflegerin für die im Himmel wühlende Grande Dame der Highlands. Dort kleiden sich die Berge des Nachts schwarz mit Diamanten. Hier unten in den Lowlands liegt ein Tuch von Dunst über den Feldern und ein dickes Kaninchenfell von Zigarettenasche über den Städten. Den Löwen von Glasgow und das Einhorn von Edinburgh lassen wir beiseite. Beide sind etwas Besonderes.

«Stone» liegt auf halbem Weg dazwischen. Man erreicht es über eine gewundene Zufahrt. Um zum Eingang, der an

the house, which is entered from the side. It has two fronts and two climates. In the douce summer I live in every room; in winter the wind makes the eastern face of the house too brusque for papers and too cold for sitting. In the winter I have found flowers, matured to their fruit, left from the autumn, in ice, held in the vase like Fabergé's gemmy berries in crystal. Asleep in one of these rooms, you might put out a hand in sleep and in the morning find it gone quite white. The only way to foil the cold is to be in love, and even that is not sure. The house is plain. It is not squinched or pepperpotty, it recollects no French alliance. It is of grey stone, unfaced, and the stone is black when it is wet. There are hills to the west and hills to the east, but they are small for hills and the house is big for a house. It has twenty-seven windows on each side, three rows of nine, their glass of the type which spins all light that hits it. It tells the sky to itself. In the sills of the windows tortoiseshell butterflies hatch too soon and need daily rescuing. There is an attic room where the flies go to die. It fills your hair with noise. To east and west there are porticos, that to the west with a pointed pediment, to the east with a curved pediment. These are supported by unfluted columns to the east, fluted to the west. The columns are Doric. There is no suggestion of romantic vegetable matter anywhere in the architecture of the house. It looks as it sounds, stone.

When the sun rises, it fills the arc of the eastern pediment and the tubes of the columns with light. The smoothness of the portico looks pale against the grey house, and larger, as though it were another

der Seite liegt, zu gelangen, muss man erst an dem Haus vorbeifahren. Es hat zwei Fassaden und zwei Arten von Klima. Während des milden Sommers bewohne ich sämtliche Räume; während des Winters ist es an der Ostseite des Hauses wegen des Windes zu zugig für Papier und zu kalt zum Sitzen. Im Winter habe ich dort schon von Rauhreif überzogene Blumen gefunden, die in der Vase Samen hervorgebracht hatten und nun aussahen wie kandierte Edelsteinbeeren von Fabergé. Wenn man in einem dieser Räume übernachtet, kann es sein, dass man im Schlaf eine Hand hervorstreckt und dann am Morgen feststellt, dass sie ganz weiß geworden ist. Nur wer verliebt ist, kann dieser Kälte widerstehen – und selbst das ist nicht sicher. Das Haus ist sehr schlicht. Es hat weder Stützbögen noch Türmchen, noch weckt es Erinnerungen an Frankreich. Es ist aus grauem Stein erbaut, unverputzt, und der Stein wird schwarz, wenn es regnet. Im Westen und Osten liegen Berge, aber diese Berge sind niedrig, und das Haus ist hoch. Auf jeder Seite hat es siebenundzwanzig Fenster, drei Reihen zu je neun, und ihr Glas ist von der Art, die das Licht, das darauf fällt, flirren lässt. Es hält dem Himmel einen Spiegel vor. An den Fenstersimsen schlüpfen Fuchsfalter zu früh aus und müssen täglich gerettet werden. Die Fliegen ziehen sich zum Sterben auf den Dachboden zurück. Ihr Summen hängt einem in den Haaren. An der Ost- und Westseite stehen Portale; das im Westen hat einen spitzen Giebel, das im Osten einen runden. Diese werden im Osten von glatten, im Westen von kannelierten Säulen getragen. Es sind dorische Säulen. Nirgends in der Architektur des Hauses gibt es romantische Pflanzenornamente. Es ist so, wie es der Name sagt: Stone.

Wenn die Sonne aufgeht, füllt sie den Bogen des Ostgiebels und die Rillen der Säulen mit Licht. Das glatte Portal wirkt hell gegen das Grau des Hauses und größer als dieses, so als wäre es ein Haus für sich. Die Stufen führen hinunter zu ei-

house itself. These steps end in a terrace. The terrace is lapped by a lawn shaped like an almond. The man who built the house had lost his heart to India, and found there rich compensation for this loss. The tip of the almond drops to a ha-ha. Cowslips grow in spring at its ashlar foot. A long field of leaning trees moves out into the heather. What the wind began, the trees' disease has completed. Scotland seems to favour brushy trees, hazel and rowan and gorse, over the English givers of contemplation and stealthy veiling shade.

Sir Walter Scott: Pedantry about Booze

The Baron, drawing out a private key, unlocked the casket, raised the lid, and produced a golden goblet of a singular and antique appearance, moulded into the shape of a rampant bear, which the owner regarded with a look of mingled reverence, pride and delight, that irresistibly reminded Waverley of Ben Jonson's Tom Otter, with his Bull, Horse, and Dog, as that wag wittily denominated his chief carousing cups. But Mr Bradwardine, turning towards him with complacency, requested him to observe this curious relic of the olden time.

'It represents,' he said, 'the chosen crest of our family, a bear, as ye observe and *rampant,* because a good herald will depict every animal in its noblest posture: as a horse *salient,* a greyhound *currant,* as may be inferred, a ravenous animal *in actu ferociori,* or in a voracious, lacerating, and devouring posture. Now, sir, we hold this most honourable achievement

ner Terrasse, die umflossen ist von einer mandelförmigen Rasenfläche. Der Erbauer dieses Hauses hatte sein Herz an Indien verloren, es entschädigte ihn reichlich für diesen Verlust. Die Spitze der Mandel fällt gegen eine versenkte Gartenmauer hin ab. Am Fuß ihrer Quader wachsen im Frühling Schlüsselblumen. Ein großes, mit windschiefen Bäumen bestandenes Feld reicht hinaus ins Heidekraut. Was der Wind begann, hat die Baumkrankheit vollendet. Es scheint, als bevorzuge Schottland kleinwüchsige Bäume, Haselnuss und Eberesche und Ginster, gegenüber den englischen Spendern von Besinnlichkeit und heimlichem, verschleierndem Schatten.

Sir Walter Scott: Förmlichkeiten beim Trinken

Der Baron zog einen Schüssel aus der Tasche, öffnete das Kästchen und nahm ein goldenes Trinkgefäß von seltsam altertümlichem Aussehen heraus, das die Form eines aufrecht stehenden Bären hatte. Diesen betrachtete sein Besitzer mit einem Blick, in dem sich Ehrfurcht, Stolz und Entzücken mischten und der Waverley unwillkürlich an Ben Jonsons Tom Otter und dessen Stier, Pferd und Hund erinnerte, wie dieser scherzhaft seine schönsten Becher zu nennen pflegte. Mr. Bradwardine aber wandte sich ihm beifallheischend zu und bat ihn, dieses Andenken an alte Zeiten näher zu betrachten.

«Es stellt das Wappentier dar, das unsere Familie sich gewählt hat», sagte er, «einen Bären, wie Sie sehen, und zwar stehend, denn ein guter Heraldiker wird ein Tier stets in seiner eindrucksvollsten Haltung zeigen: das Pferd im Sprung, den Windhund im Lauf und, wie man sich denken kann, ein reißendes Tier *in actu ferociori*, also im Augenblick des Tötens, Zerreißens oder Verschlingens. Wir, Sir, tragen nun dieses

by the wappen-brief, or concession on arms, of Frederick Redbeard, Emperor of Germany, to my predecessor, Godmund Bradwardine, it being the crest of a gigantic Dane, whom he slew in the lists in the Holy Land, on a quarrel touching the chastity of the Emperor's spouse or daughter, tradition saith not precisely which, and thus, as Virgilius hath it –

Mutemus clypeos, Danaumque insignia nobis
Aptemus.

Then for the cup, Captain Waverley, it was wrought by the command of St. Duthac, Abbot of Aberbrothock, for behoof of another Baron of the house of Bradwardine, who had valiantly defended the patrimony of that monastery against certain encroaching nobles. It is properly termed the Blessed Bear of Bradwardine (though old Dr Doubleit used jocosely to call it Ursa Major), and was supposed in old and Catholic times to be invested with certain properties of a mystical and supernatural quality. And though I give not in to such *anilia*, it is certain it has always been esteemed a solemn standard-cup and heirloom of our house; nor is it ever used but upon seasons of high festival, and such I hold to be the arrival of the heir of Sir Everard under my roof; and I devote this draught to the health and prosperity of the ancient and highly-to-be-honoured house of Waverley.'

During this long harangue he carefully decanted a cobwebbed bottle of claret into the goblet, which held nearly an English pint, and at the conclusion, delivering the bottle to the butler, to be held carefully in the same angle with the horizon, he devoutly quaffed off the contents of the Blessed Bear of Bradwardine.

höchst ehrenhafte Bild auf Grund des Wappenbriefs, den der deutsche Kaiser Friedrich Barbarossa meinem Vorfahren Godmund Bradwardine verlieh; es war das Wappen eines hühnenhaften Dänen, den er im Heiligen Land in einem Zweikampf tötete, der ausgelöst wurde durch einen Streit bezüglich der Ehrbarkeit der Gattin oder Tochter des Kaisers – Genaueres ist uns nicht überliefert –, so dass wir, mit Vergil zu sprechen,

> Mutemus clypeos, Danaumque insignia nobis
> Aptemus.

Was nun den Becher betrifft, Captain Waverley, so wurde dieser auf Geheiß des Heiligen Duthac, des Abtes von Aberbrothock, für einen anderen Baron des Hauses Bradwardine gefertigt, der den Besitz dieses Klosters tapfer gegen Übergriffe gewisser Edelleute verteidigt hatte. Genau genommen heißt der Becher ‹der Selige Bär von Bradwardine› (auch wenn der alte Dr. Doubleit ihn scherzhaft den Großen Bären nannte), da man früher, zu katholischer Zeit, glaubte, er besitze gewisse magische, übernatürliche Kräfte. Und wenn ich auch an solche *anilia* nicht glaube, steht fest, dass dieser Becher immer als Schau- und Erbstück in unserer Familie in Ehren gehalten wurde und dass er nur an hohen Feiertagen benutzt wird, und für einen solchen halte ich die Ankunft des Erben von Sir Everard unter meinem Dach. Ich trinke daher auf die Gesundheit und das Wohlergehen der alten und hoch zu verehrenden Familie Waverley.»

Während dieser weitschweifigen Rede hatte er eine mit Spinnweben bedeckte Flasche Rotwein behutsam in das Gefäß dekantiert, das annähernd eine englische Pint fasste, und als er damit fertig war, übergab er die vorsichtig in der Waagerechten gehaltene Flasche dem Kellermeister und trank dann andächtig aus dem Seligen Bären von Bradwardine.

Edward, with horror and alarm, beheld the animal making his rounds, and thought with great anxiety upon the appropriate motto, 'Beware the Bear'; but at the same time plainly foresaw, that as none of the guests scrupled to do him this extraordinary honour, a refusal on his part to pledge their courtesy would be extremely ill received. Resolving, therefore, to submit to this last piece of tyranny, and then to quit the table, if possible, and confiding in the strength of his constitution, he did justice to the company in the contents of the Blessed Bear, and felt less inconvenience from the draught than he could possibly have expected. The others, whose time had been more actively employed, began to show symptoms of innovation, – 'the good wine did its good office'. The frost of etiquette, and pride of birth, began to give way before the genial blessings of this benign constellation, and the formal appellatives with which the three dignitaries had hitherto addressed each other, were now familiarly abbreviated into Tully, Bally, and Killie. When a few rounds had passed, the two latter, after whispering together, craved permission (a joyful hearing for Edward) to ask the grace-cup. This, after some delay, was at length produced, and Waverley concluded that the orgies of Bacchus were terminated for the evening. He was never more mistaken in his life.

Evelyn Waugh: True Scots

The seat of Colonel Hector Campbell of Mugg was known locally as the 'New Castle', to distinguish it from the ancient and more picturesque edifice oc-

Mit Abscheu und Entsetzen sah Edward, wie das Tier die Runde machte, und erinnerte sich in großer Angst an den treffenden Spruch «Dem Bären muss man wehren», aber zugleich war ihm klar, da keiner der Gäste davor zurückschreckte, ihm diese außerordentliche Ehre zu erweisen, dass es äußert ungünstig aufgenommen würde, wenn er sich weigern sollte, ihre Geste zu erwidern. Er beschloss daher, sich zum letzten Mal dieser Tyrannei zu beugen und dann möglichst den Tisch zu verlassen; und nun, im Vertrauen auf seine robuste Gesundheit, tat er mit dem Inhalt des Seligen Bären, was die Runde von ihm erwartete, und fand dann den Schluck weniger abstoßend, als er wohl erwartet hatte. Die anderen, die ihre Zeit tüchtig genutzt hatten, zeigten Anzeichen einer Veränderung – ‹der gute Wein tat seine gute Wirkung›. Steifheit der Etikette und Stolz auf die Herkunft schwanden allmählich unter dem wohltuenden Einfluss der Sterne dieses himmlischen Bären, und die förmlichen Anreden, die die drei Würdenträger bisher benutzt hatten, wurden nun vertraulich abgekürzt zu «Tully», «Bally» und «Killie». Nach mehreren Runden flüsterten die beiden letzteren miteinander und baten dann um Erlaubnis (was Edward nur zu gerne hörte), den Abschiedsbecher leeren zu dürfen. Es dauerte eine Weile, bis dieser endlich herbeigeholt war, aber dann glaubte Waverley, die bacchantischen Orgien seien für diesen Abend beendet. Noch nie in seinem Leben hatte er sich so sehr getäuscht.

Evelyn Waugh: Echte Schotten

Das Anwesen von Colonel Hector Campbell of Mugg hieß in der Nachbarschaft das «Neue Schloss», um es von dem malerischen alten Bauwerk zu unterscheiden, in dem der Gutsver-

cupied by the factor and Chatty Corner. The Campbells of Mugg had never been rich but at some moment in the middle of the nineteenth century a marriage, or the sale of property on the mainland which was being transformed from moorland to town, or a legacy from emigrant kinsmen in Canada or Australia – by an accession of fortune of some kind common among lairds, the Mugg of the time got money in his hands and proceeded to build. The fortune melted, but the new castle stood. The exterior was German in character, Bismarckian rather than Wagnerian, of moderate size but designed to withstand assault from all but the most modern weapons. The interior was pitch-pine throughout and owed its decoration more to the taxidermist than to sculptor or painter.

Before Guy and Tommy had left their car, the double doors of the New Castle were thrown open. A large young butler, kilted and heavily bearded, seemed to speak some words of welcome but they were lost in a gale of music. A piper stood beside him, more ornately clothed, older and shorter; a square man, red bearded. If it had come to a fight between them the money would have been on the piper. He was in fact the butler's father. The four of them marched forward and upward to the great hall.

A candelabrum, consisting of concentric and diminishing circles of tarnished brass, hung from the rafters. A dozen or so of the numberless cluster of electric bulbs were alight, disclosing the dim presence of a large circular dinner table. Round the chimney-piece, whose armorial decorations were obscured by smoke, the baronial severity of the rest of the

walter und Chatty Corner wohnten. Die Campbells of Mugg waren nie reich gewesen, aber irgendwann um die Mitte des neunzehnten Jahrhunderts, sei es durch Heirat oder durch den Verkauf von Grundstücken auf dem Festland, die aus Heide in Bauland umgewandelt wurden, oder durch das Vermächtnis eines nach Kanada oder Australien ausgewanderten Familienmitglieds – jedenfalls durch irgendeinen Vermögenszuwachs, wie er unter schottischen Edelleuten üblich ist, waren die Muggs seinerzeit zu Geld gekommen und hatten begonnen zu bauen. Das Vermögen schmolz dahin, aber das neue Schloss stand. Sein Äußeres war im Stil deutsch, an Bismarck eher als an Wagner erinnernd, von mäßiger Größe, aber so beschaffen, dass es allen Angriffen außer solchen mit modernsten Waffen widerstehen konnte. Innen waren alle Wände mit Pechkiefer verkleidet, und seinen Schmuck verdankte es eher dem Präparator als dem Bildhauer oder Maler.

Guy und Tommy waren noch nicht aus ihrem Auto gestiegen, da öffneten sich bereits die Portale des Neuen Schlosses. Ein stattlicher junger Butler mit Kilt und Rauschebart schien ein paar Worte der Begrüßung zu sprechen, aber die gingen in musikalischem Getöse unter. Neben ihm stand ein Dudelsackspieler im vollen Kostüm, älter als er und kleiner; ein vierschrötiger Mann mit rotem Bart. Wäre es zwischen den beiden zu einem Boxkampf gekommen, dann hätte man auf den Dudelsackspieler gesetzt. Es handelte sich um den Vater des Butlers. Vorwärts und hinan marschierten die vier zur großen Halle.

Von den Deckenbalken hing ein Kandelaber aus konzentrischen, nach oben kleiner werdenen Reifen aus dunklem Messing. Von seinen zahllosen Glühbirnen brannte etwa ein Dutzend und ließ im Halbdunkel einen großen runden Esstisch erkennen. In der Umgebung des Kamins, dessen in Stein gehauene Wappenschilde in Qualm gehüllt waren, wurde die adlige Strenge des übrigen Mobiliars etwas aufgelockert

furniture was mitigated by a group of chairs clothed in stained and faded chintz. Everywhere else were granite, pitch-pine, tartan and objects of furniture constructed of antlers. Six dogs, ranging in size from a couple of deer-hounds to an almost hairless pomeranian, gave tongue in inverse proportion to their size. Above all from the depths of the smoke cloud a voice roared.

'Silence, you infernal brutes. Down, Hercules. Back, Jason. Silence, sir.'

There were shadowy, violent actions and sounds of whacking, kicking, snarling and whining. Then the piper had it all to himself again. It was intensely cold in the hall and Guy's eyes wept anew in the peat fumes. Presently the piper, too, was hushed and in the stunning silence an aged lady and gentleman emerged through the smoke. Colonel Campbell was much bedizened with horn and cairngorms. He wore a velvet doublet above his kilt, high stiff collar and a black bow tie. Mrs Campbell wore nothing memorable.

The dogs fanned out beside them and advanced at the same slow pace, silent but menacing. His probable destiny seemed manifest to Guy, to be blinded by smoke among the armchairs, to be frozen to death in the wider spaces, or to be devoured by the dogs where he stood. Tommy, the perfect soldier, appreciated the situation and acted promptly. He advanced on the nearest deerhound, grasped its muzzle and proceeded to rotate its head in a manner which the animal appeared to find reassuring. The great tail began to wave in the fumes. The hushed dogs covered their fangs and advanced to sniff first at his trousers, then at Guy's. Meanwhile Tommy said:

'I'm awfully sorry we couldn't let you know in

durch eine Gruppe von Sesseln, die mit fleckigem, verblasstem Chintz bezogen waren. Sonst sah man nur Granit, Pechkiefer, Karomuster und aus Hirschgeweihen gefertigte Möbelstücke. Sechs Hunde verschiedener Größe, von zwei mächtigen Jagdhunden bis zu einem fast kahlen Spitz, schlugen an, die Lautstärke umgekehrt proportional zu ihrer Größe. Das alles wurde übertönt von einer dröhnenden Stimme, die irgendwo aus den Tiefen der Qualmwolke kam.

«Still, ihr Satansköter! Platz, Hercules. Zurück, Jason. Still, du.»

Undeutlich nahm man heftige Bewegungen und die Geräusche von Fußtritten, Knurren und Jaulen wahr. Dann war nur noch der Dudelsack zu hören. Es war bitterkalt in der Halle, und der Rauch des Torffeuers ließ Guys Augen wieder tränen. Gleich darauf verstummte auch der Dudelsack, und in der betäubenden Stille traten eine betagte Dame und ein Herr aus den Rauchschwaden hervor. Colonel Campbell war schwer behängt mit Horn und Bergkristall. Über seinem Kilt trug er ein samtenes Wams, einen hohen steifen Kragen und eine schwarze Schleife. Mrs. Campbell trug nichts Bemerkenswertes.

Neben ihnen schwärmten die Hunde aus und kamen dann ebenso langsam näher, stumm aber bedrohlich. Guy ahnte, welches Schicksal ihm bestimmt war: im Rauch bei den Sesseln zu erblinden, in den Weiten dieses Raums zu erfrieren oder da, wo er stand, von den Hunden zerfleischt zu werden. Tommy, der perfekte Soldat, erfasste die Lage und handelte augenblicklich. Er ging zu dem erstbesten Jagdhund, packte ihm beim Maulkorb und wirbelte seinen Kopf in einer Weise herum, die auf das Tier anscheinend beruhigend wirkte. Es begann mit seinem mächtigen Schwanz in den Rauchschwaden zu wedeln. Die anderen Hunde verstummten, zogen ihre Reißzähne ein und kamen, um erst an seinen, dann an Guys Hosenbeinen zu schnuppern. Währenddessen sagte Tommy:

«Es tut mir sehr leid, dass wir Sie nicht früher benachrich-

time. Angus Anstruther-Kerr had an accident today on the rocks. I didn't want to leave you a man short, so I've brought Mr Crouchback instead.'

Guy had already observed the vast distances that separated the few places at table and thought this explanation of his presence less than adequate to the laird's style of living. Mrs Campbell took his hand gently.

'Mugg will be disappointed. We make more of kinship here than you do in the south, you know. He's a little deaf, by the way.'

But Mugg had firmly taken his hand.

'I never met your father,' he said. 'But I knew his uncle, Kerr of Gellioch, before his father married Jean Anstruther of Glenaldy. You resemble neither the one nor the other. Glenaldy was a fine man, though he was old when I knew him, and it was a sorrow having no son, to pass the place of Gellioch to.'

'This is Mr Crouchback, dear.'

'Maybe, maybe, I don't recollect. Where's dinner?'

'Katie's not here yet.'

'Is she dining down tonight?'

'You know she is, dear. We discussed it. Katie is Mugg's great-niece from Edinburgh, who's paying us a visit.'

'Visit? She's been here three years.'

'She worked too hard at her exams,' said Mrs Campbell.

'We'll not wait for her,' said Mugg

As they sat at the round table the gulf that should have been filled by Katie, lay between Guy and his host. Tommy had at once begun a brisk conversation about local tides and beaches with Mrs Campbell.

tigt haben. Angus Anstruther-Kerr ist heute auf den Felsen verunglückt. Da ich nicht wollte, dass eine Lücke entsteht, habe ich an seiner Stelle Mr. Crouchback mitgebracht.»

Guy war schon aufgefallen, dass zwischen den wenigen Gedecken auf dem Tisch große Abstände lagen, und angesichts der Lebensgewohnheiten des Lairds erschien ihm nun Tommys Erklärung für seine Anwesenheit nicht ganz passend. Mrs. Campbell ergriff sanft seine Hand.

«Mugg wird enttäuscht sein. Familie bedeutet uns hier mehr als euch im Süden, wissen Sie. Er ist übrigens ein bisschen schwerhörig.»

Aber Mugg hatte schon herzhaft seine Hand gepackt.

«Ihren Vater kannte ich nicht», sagte er. «Aber ich kannte seinen Onkel, Kerr of Gellioch, bevor dessen Vater Jean Anstruther of Glenaldy heiratete. Sie ähneln keinem von ihnen. Glenaldy war ein guter Mann, aber schon alt, als ich ihn kennenlernte, und es bekümmerte ihn, dass er keinen Sohn hatte, dem er den Besitz von Gellioch vererben konnte.»

«Das ist Mr. Crouchback, Liebling.»

«Schon möglich, schon möglich, ich erinnere mich nicht. Wo bleibt das Essen?»

«Katie ist noch nicht hier.»

«Isst sie heute Abend mit uns?»

«Ja, das weißt du doch, Liebling. Wir haben darüber gesprochen. Katie ist Muggs Großnichte aus Edinburgh. Sie ist bei uns zu Besuch.»

«Besuch? Sie ist schon seit drei Jahren hier.»

«Sie hat zu hart für ihre Prüfungen gelernt», sagte Mrs. Campbell.

«Wir werden nicht auf sie warten», entschied Mugg.

Als sie an dem runden Tisch Platz nahmen, gähnte zwischen Guy und seinem Gastgeber eine Lücke, die Katie eigentlich hätte füllen sollen. Tommy hatte Mrs. Campbell sogleich in ein lebhaftes Gespräch über die Gezeiten und

The laird looked at Guy, decided the distance between them was insurmountable and contentedly splashed about in his soup.

Presently he looked up again and said:

'Got any gun-cotton?'

'I'm afraid not.'

'Halberdier?'

'Yes.'

He nodded towards Tommy.

'Coldstreamer?'

'Yes.'

'Same outfit?'

'Yes.'

'Extraordinary thing.'

'We're rather a mixed unit.'

'Argyll myself, of course. No mixture there. They tried cross-posting at the end of the last war. Never worked.'

Fish appeared. Colonel Campbell was silent while he ate, got into trouble with some bones, buried his head in his napkin, took out his teeth and at last got himself to rights.

'Mugg finds fish very difficult nowadays,' said Mrs Campbell during this process.

The host looked at Tommy with a distinctly crafty air now and said:

'Saw some sappers the day before yesterday.'

'They must have been ours.'

'They got gun-cotton?'

'Yes, I think so. They've got a lot of stores marked "Danger".'

The laird now looked sternly at Guy.

'Don't you think it would have been a more honest answer to admit it in the first place?'

die Strände in der Gegend verwickelt. Der Laird warf Guy einen Blick zu, kam zu dem Schluss, dass der Abstand unüberbrückbar war, und rührte zufrieden in seiner Suppe.

Nach einer Weile sah er wieder auf und fragte:

«Haben Sie Schießbaumwolle dabei?»

«Ich bedaure, nein.»

«Hellebardenträger?»

«Ja.»

Er machte eine Kopfbewegung zu Tommy.

«Coldstream-Garde?»

«Ja.»

«Selbe Montur?»

«Ja.»

«Erstaunlich.»

«Wir sind eine ziemlich bunt gemischte Einheit.»

«War selbst natürlich bei den Argylls. Da gab's keine Mischung. Haben Ende des letzten Krieges versucht, Fremde zu uns abzuordnen. Völliger Fehlschlag.»

Fisch wurde aufgetragen. Colonel Campbell schwieg, während er aß, bekam Schwierigkeiten mit ein paar Gräten, bedeckte sein Gesicht mit der Serviette und nahm sein Gebiss heraus, hatte aber schließlich wieder alles im Griff.

«Mugg hat in letzter Zeit Probleme mit Fisch», erklärte Mrs. Campbell dazu.

Der Hausherr warf nun Tommy einen ziemlich durchtriebenen Blick zu und sagte:

«Habe da vorgestern ein paar Mineure gesehen.»

«Das waren sicher unsere.»

«Haben die Schießbaumwolle?»

«Ich glaube, ja. Sie haben eine Menge Depots, an denen ‹Lebensgefahr› steht.»

Nun sah der Laird Guy ernst an.

«Finden Sie nicht, dass es ehrlicher gewesen wäre, wenn Sie das gleich zugegeben hätten?»

Tommy and Mrs Campbell stopped talking of landing-places and listened.

'When I asked you if you had gun-cotton, do you suppose I imagined you were carrying it on your person now? I meant, have you brought any gun-cotton on to my island?'

Here Tommy intervened. 'I hope you've no complaint about it being misused, sir?'

'Or dynamite?' continued the laird disregarding. 'Any explosive would do.'

At this moment the piper put an end to the conversation. He was followed by the butler bearing a huge joint which he set before the host. Round and round went the skirl. Colonel Campbell hacked away at the haunch of venison. The butler followed his own devious course with a tray of red-currant jelly and unpeeled potatoes. Not before the din was over and a full plate before him did Guy realize that a young lady had unobtrusively slipped into the chair beside him. He bowed as best he could from the intricate framework of antlers which constituted his chair. She returned his smile of greeting liberally.

She was, he judged, ten or twelve years younger than himself. Either she was freckled, which seemed unlikely at this place and season, or else she had been splashed with peaty water and had neglected to wash, which seemed still less likely in view of the obvious care she had taken with the rest of her toilet. An hereditary stain perhaps, Guy thought, suddenly appearing in Mugg to bear evidence of an ancestral seafaring adventure long ago among the Spice Islands. Over the brown blotches she was richly rouged, her short black curls were bound

Tommy und Mrs. Campbell unterbrachen ihr Gespräch über Landeplätze und hörten zu.

«Als ich Sie fragte, ob Sie Schießbaumwolle dabei hätten, dachten Sie da, ich glaubte, Sie hätten welche in der Tasche? Ich wollte wissen, ob Sie Schießbaumwolle auf meine Insel gebracht haben.»

Hier schaltete sich Tommy ein. «Ich hoffe, Sie befürchten nicht, dass sie in falsche Hände geraten könnte, Sir?»

«Oder Dynamit?» fuhr der Laird fort, ohne hinzuhören. «Jeder Sprengstoff wäre recht.»

In diesem Augenblick bereitete der Dudelsackspieler der Unterhaltung ein Ende. Hinter ihm kam der Butler, der einen gewaltigen Braten hereintrug und ihn vor den Hausherrn hinstellte. Der mit dem Dudelsack drehte seine Runden. Colonel Campbell säbelte an der Wildkeule. Der Butler zog mit seinem Tablett, auf dem Johannisbeergelee und Pellkartoffeln standen, seine rätselhaften Bahnen. Erst als der Lärm vorüber war und er einen vollen Teller vor sich hatte, bemerkte Guy, dass eine junge Dame unauffällig auf dem Stuhl neben ihm Platz genommen hatte. Er machte eine Verbeugung, soweit das die ineinander verschränkten Hirschgeweihe, aus denen sein Stuhl bestand, zuließen. Sie erwiderte sein Begrüßungslächeln bereitwillig.

Sie mochte zehn oder zwölf Jahre jünger sein als er. Entweder hatte sie Sommersprossen, was angesichts von Breitengrad und Jahreszeit unwahrscheinlich war, oder sie hatte sich mit Torfwasser bespritzt und dann zu waschen versäumt, was aber noch unwahrscheinlicher war, wenn man sah, wieviel Sorgfalt sie auf ihre übrige Toilette verwendet hatte. Vielleicht, dachte Guy, war es etwas Erbliches, ein Mal, das hier plötzlich wieder aufgetreten war und Zeugnis ablegte vom galanten Abenteuer eines seefahrenden Urahnen auf den Gewürzinseln. Die braunen Flecken hatte sie mit reichlich Rouge überdeckt, und in ihren kurzen schwarzen

with a tartan ribbon, held together by a brooch of the kind Guy had supposed were made only for tourists, and she wore a dress which in that hall must have exposed her to an extremity of frigeration. Her features were regular as marble and her eyes wide and splendid and mad.

'You aren't doing very well, are you?' she remarked suddenly on a note of triumph.

'This is Mr Crouchback, dear,' said Mrs Campbell, frowning fiercely at her husband's great-niece. 'Miss Carmichael. She comes from Edinburgh.'

'And a true Scot,' said Miss Carmichael.

'Yes, of course, Kate. We all know that.'

'Her grandmother was a Campbell,' said the laird, in a tone of deepest melancholy, 'my own mother's sister.'

'My mother was a Meiklejohn and her mother a Dundas.'

'No one is questioning your being a true Scot, Katie,' said the great-aunt; 'eat your dinner.'

During this exchange of genealogical information, Guy had pondered on Miss Carmichael's strange preliminary challenge. He had not distinguished himself, he fully realized, in the preceding conversation, though it would have taken a master, he thought, to go right. And, anyway, how did this beastly girl know? Had she been hiding her freckles in the smoke, or, more likely, was she that phenomenon, quite common, he believed, in these parts – the seventh child of a seventh child? He had had a hard day. He was numb and choked and under-nourished. An endless procession marched across his mind, Carmichaels, Campbells, Meiklejohns, Dundases, in columns

Locken trug sie ein kariertes Band, das von einer jener Broschen zusammengehalten wurde, von denen Guy bisher angenommen hatte, sie würden nur für Touristen hergestellt. Das Kleid, das sie anhatte, setzte sie in dieser Halle vermutlich extremer Unterkühlung aus. Ihre Züge waren regelmäßig wie aus Marmor, und ihre Augen waren groß und schön und irre.

«Sie haben sich bis jetzt nicht besonders hervorgetan, was?» sagte sie plötzlich triumphierend.

«Das ist Mr. Crouchback, Liebes», sagte Mrs. Campbell und sah die Großnichte ihres Gatten strafend an. «Miss Carmichael. Sie kommt aus Edinburgh.»

«Eine echte Schottin», sagte Miss Carmichael.

«Ja, natürlich, Kate. Das wissen wir schon.»

«Ihre Großmutter war eine Campbell», sagte der Laird mit Grabesstimme, «die Schwester meiner Mutter.»

«Meine Mutter war eine Meiklejohn und deren Mutter eine Dundas.»

«Niemand bestreitet, dass du eine echte Schottin bist, Kate», sagte die Großtante. «Iss jetzt.»

Während dieses Austauschs genealogischer Informationen hatte Guy über Miss Carmichaels herausfordernde Bemerkung von vorhin nachgegrübelt. Es war ihm völlig klar, dass sein Beitrag zu den Tischgesprächen bisher bescheiden war, aber man musste schon ein Könner sein, dachte er, um es hier jedem recht zu machen. Und woher wusste dieses grässliche Mädchen das überhaupt? Hatte sie sich mit ihren Sommersprossen in den Qualmwolken versteckt, oder war sie gar – das schien ihm die bessere Erklärung – eins dieser hierzulande, soviel er wusste, gar nicht so seltenen Wesen, das siebente Kind eines siebenten Kindes? Es war ein schwerer Tag für ihn gewesen. Ihm war kalt, er fühlte sich halb erstickt und ausgehungert. Vor seinem geistigen Auge zog eine endlose Prozession in Siebenerreihen vorbei, Carmichaels,

of seven, some kilted and bonneted, others in the sober, durable garb of the Edinburgh professions, all dead.

He steadied himself with wine, which in contrast to soup or fish was excellent. 'Doing well', of course, was an expression of the nursery. It meant eating heavily. Hitherto instinct and experience alike had held him back from the venison. Now, openly rebuked, he put a fibrous, rank lump of the stuff into his mouth and began desperately chewing. Miss Carmichael turned back to him.

'Six ships last week,' she said. 'We can't get Berlin, so we have to go by your wireless. I expect it's a lot more really, ten, twenty, thirty, forty …'

The laird cut across this speculation by saying to Tommy, 'That's what sappers are for, aren't they? – blowing things up.'

'They built the Anglican Cathedral in Gibraltar,' said Guy, in a stern effort to 'do better' but rather indistinctly, for the vension seemed totally unassimilable.

'No,' said the laird. 'I want to a wedding there. They didn't blow that up. Not at the time of the wedding anyhow. But rocks, now.' (He looked craftily at Tommy.) 'They could blow rocks up, I dare say, just as easily as you and I would blow up a wasps' nest.'

'I should keep a long way off if they tried,' said Tommy.

'I always told my men that the nearer you are to the point of an explosion, the safer you are.'

'That's not the orthodox teaching nowadays, I'm afraid.'

Campbells, Meiklejohns, Dundas – manche mit Kilts und Wollmützen, andere in der nüchternen, soliden Bekleidung erfolgreicher Edinburgher, und alle tot.

Mit Wein, der im Gegensatz zu Suppe und Fisch ausgezeichnet war, richtete er sich wieder auf. «Sich hervortun» war natürlich ein Ausdruck aus dem Kinderzimmer und hieß soviel wie «viel essen». Bis jetzt hatten ihn Instinkt und Erfahrung von dem Wildbraten abgehalten. Aber nachdem er nun öffentlich gerügt worden war, steckte er sich einen faserigen, übel riechenden Brocken dieses Zeugs in den Mund und begann, verzweifelt darauf herumzukauen. Miss Carmichael wandte sich wieder zu ihm.

«Sechs Schiffe in der letzten Woche», sagte sie. «Wir können Berlin nicht empfangen, deshalb sind wir auf Ihren Rundfunk angewiesen. Vermutlich waren es viel mehr, zehn, zwanzig, dreißig, vierzig ...»

Der Laird unterbrach diese Spekulationen und sagte zu Tommy: «Dafür sind Mineure doch da, oder? Dinge in die Luft zu sprengen.»

«Sie haben die anglikanische Kathedrale in Gibraltar gebaut», sagte Guy, ernsthaft bemüht, «sich hervorzutun», aber etwas undeutlich, denn das Wild schien völlig unzerkleinerbar.

«Nein», sagte der Laird. «Ich war dort auf einer Hochzeit. Die haben sie nicht gesprengt. Jedenfalls nicht während der Trauung. Aber à propos Felsen.» (Er warf Tommy einen schlauen Blick zu.) «Ich nehme an, sie können Felsen genau so leicht sprengen, wie Sie und ich ein Wespennest sprengen könnten.»

«Ich würde großen Abstand halten, wenn sie's versuchen sollten», sagte Tommy.

«Meinen Männern habe ich immer gesagt, je näher ihr am Zentrum einer Explosion seid, umso sicherer seid ihr.»

«Ich fürchte, das wird heute nicht mehr so gelehrt.»

Miss Carmichael had stopped counting and said:

'We have quite grown out of the Bonnie Prince Charlie phase, you know. Edinburgh is the heart of Scotland now.'

'A magnificent city,' said Guy.

'It's *seething*.'

'Really?'

'Absolutely seething. It is time I went back there. But I'm not allowed to talk about it, of course.'

She produced from her bag a gold pencil and wrote on the tablecloth, guarding her message with her forearm.

'Look.'

Guy read: 'POLLITICAL PRISNER' and asked with genuine curiosity:

'Did you *pass* your exams at Edinburgh, Miss Carmichael?'

'Never. I was far too busy with more important things.'

She began vigorously rubbing the cloth with breadcrumbs and suddenly, disconcertingly, assumed party manners saying:

'I miss the music so. All the greatest masters come to Edinburgh, you know.'

While she wrote, Guy had managed to remove the venison from his mouth to his plate. He took a draft of claret and said clearly:

'I wonder if you came across a friend of mine at the University. Peter Ellis – he teaches Egyptology or something like that. He used to seethe awfully when I knew him.'

'He did not seethe with *us*.'

The laird had finished his plateful and was ready to resume the subject of explosives.

Miss Carmichael hatte zu zählen aufgehört und sagte:

«Die Bonnie-Prince-Charlie-Phase haben wir schon lange hinter uns, wissen Sie. Edinburgh ist jetzt das Herz Schottlands.»

«Eine wundervolle Stadt», sagte Guy.

«Es gärt dort!»

«Tatsächlich?»

«Es gärt gewaltig. Es ist Zeit, dass ich zurückgehe. Aber darüber darf ich natürlich nicht spechen.»

Sie nahm einen goldenen Stift aus ihrer Handtasche und schrieb auf das Tischtuch, wobei sie ihre Worte mit dem Arm abschirmte.

«Schauen Sie.»

«POLLITISCHE GEFANGNE» las Guy und erkundigte sich mit aufrichtigem Interesse:

«Haben Sie denn Ihre Prüfungen in Edinburgh bestanden, Miss Carmichael?»

«Nein. Ich hatte viel zuviel mit wichtigeren Dingen zu tun.»

Sie fing an, das Tischtuch mit Brotkrümeln kräftig abzureiben, fand dann aber unvermittelt zu ihren besten Tischmanieren zurück und sagte:

«Wie ich das Musikleben vermisse! Alle bedeutenden Künstler kommen ja nach Edinburgh, wissen Sie.»

Während sie noch schrieb, war es Guy gelungen, den Brokken Wildfleisch aus seinem Mund zu entfernen und auf den Teller zu legen. Er nahm nun einen Schluck Rotwein und sagte gut verständlich:

«Sind Sie an der Universität zufällig einmal einem Freund von mir begegnet, Peter Ellis? Er lehrt dort Ägyptologie oder so was Ähnliches. In ihm gärte es früher immer mächtig.»

«Bei uns hat er aber nicht gegärt.»

Inzwischen hatte der Laird seinen Teller leer gegessen, so dass er sich wieder dem Thema Sprengstoff zuwenden konnte.

'They need practice,' he roared, interrupting his wife and Tommy who were discussing submarines.

'We all do, I expect,' said Tommy.

'I will show them just the place. I *own* the hotel, of course,' he added without apparent relevance.

'You think it spoils the view? I'm inclined to agree with you.'

'Only one thing wrong with the hotel. Do you know what?'

'The heating?'

'It doesn't pay. And d'you know why not? No bathing beach. Send those sappers of yours up to me and I can show them the very place for their explosion. Shift a few tons of rock and what do you find? Sand. There was sand there in my father's time. It's marked as sand on the Survey and the Admiralty chart. But part of the cliff came down; all it needs is just lifting up again.'

The laird scooped the air as though building an imaginary sand-castle.

With the pudding came the nine-o'clock news. A wirless-set was carried to the centre of the table, and the butler tried to adjust it.

'Lies,' said Miss Carmichael. 'All lies.'

There was a brief knock-about turn such as Scots often provide for their English guests, between the laird and his butler, each displaying feudal loyalty, independence, pure uncontrolled crossness and ignorance of the working of modern science.

Sounds emerged but nothing which Guy could identify as human speech.

'Lies,' repeated Miss Carmichael. 'All lies.'

«Sie brauchen Übung!», dröhnte er und schnitt damit seiner Frau und Tommy das Wort ab, die sich über U-Boote unterhalten hatten.

«Die brauchen wir doch alle», sagte Tommy.

«Ich werde ihnen den richtigen Platz dafür zeigen. Natürlich gehört das Hotel mir», setzte er scheinbar unvermittelt hinzu.

«Finden Sie, dass es störend wirkt? Da bin ich ganz Ihrer Meinung.»

«Das Hotel hat nur einen Fehler. Und wissen Sie, welchen?»

«Die Heizung?»

«Es bringt nichts ein. Und wissen Sie auch, warum nicht? Kein Badestrand. Schicken Sie mir Ihre Mineure herauf, und ich zeige ihnen, wo sie was in die Luft jagen können. Man muss nur ein paar Tonnen Fels wegsprengen, und was findet man? Sand. Es gab da noch Sand, als mein Vater lebte. Auch auf der Generalstabskarte ist dort Sandstrand eingezeichnet. Aber der Felshang ist abgerutscht. Man müsste das einfach nur wieder hinaufschaffen.»

Der Laird schaufelte mit den Händen in der Luft, als baute er eine Sandburg.

Mit dem Nachtisch kamen die Abendnachrichten. Ein Radiogerät wurde in die Mitte des Tisches gestellt, und der Butler versuchte, einen Sender zu finden.

«Lügen!» sagte Miss Carmichael. «Alles nur Lügen.»

Es folgte ein kurzer komischer Dialog, wie ihn die Schotten gern ihren englischen Besuchern bieten, zwischen dem Laird und seinem Butler, in dem jeder abwechselnd Ergebenheit, Eigensinn, unbeherrschte Wut und völliges Unverständnis für die moderne Technik zur Schau stellte.

Es kamen Geräusche, aber nichts, was Guy als menschliche Sprache identifizieren konnte.

«Lügen!» wiederholte Miss Carmichael. «Lauter Lügen.»

Presently the machine was removed and replaced with apples.

'Something about Khartoum, wasn't it?' said Tommy.

'It will be retaken,' announced Miss Carmichael.

'But it was never lost,' said Guy.

'It was lost to Kitchener and the Gatling-gun,' said Miss Carmichael.

'Mugg served under Kitchener,' said Mrs Campbell.

'There was something I never liked about the fellow. Something fishy, if you know what I mean.'

'It is a terrible thing,' said Miss Carmichael, 'to see the best of our lads marched off, generation after generation, to fight the battles of the English for them. But the end is upon them. When the Germans land in Scotland, the glens will be full of marching men come to greet them, and the professors themselves at the universities will seize the towns. Mark my words, don't be caught on Scottish soil on that day.'

'Katie, go to bed,' said Colonel Campbell.

'Have I gone too far again?'

'You have.'

'May I take some apples with me?'

'Two.'

She took them and rose from her chair.

'Good night, all,' she said jauntily.

'It was those exams,' said Mrs Campbell. 'Far too advanced for a girl. I will leave you to your port,' and she followed Miss Carmichael out, perhaps to chide her, perhaps to calm her.

Nach einer Weile wurde der Apparat entfernt und durch Äpfel ersetzt.

«Ging es da eben um Khartum?» fragte Tommy.

«Das werden wir zurückerorbern», verkündete Miss Carmichael.

«Wir haben es doch nie verloren», sagte Guy.

«Es ging an Kitchener und das Maschinengewehr verloren», sagte Miss Carmichael.

«Mugg hat unter Kitchener gedient», erklärte Mrs. Campbell.

«Irgendwas hat mich an dem Kerl immer gestört. War nicht ganz astrein, wenn Sie wissen, was ich meine.»

«Es ist schrecklich», sagte Miss Carmichael, «zusehen zu müssen, wie Generationen unserer besten jungen Männer gezwungen werden, für die Engländer in die Schlacht zu ziehen. Aber damit ist bald Schluss. Wenn die Deutschen in Schottland landen, werden Männer zuhauf durch die Hochtäler marschieren, um sie willkommen zu heißen, und die Universitätsprofessoren selbst werden die Städte übernehmen. An diesem Tag sollte sich keiner auf schottischem Boden erwischen lassen, glaubt mir!»

«Kate, du gehst jetzt ins Bett», sagte Colonel Campbell.

«Bin ich wieder zu weit gegangen?»

«Das bist du.»

«Darf ich ein paar Äpfel mitnehmen?»

«Zwei.»

Sie nahm sie und stand auf.

«Gute Nacht allerseits», sagte sie vergnügt.

«Daran sind diese Prüfungen schuld», sagte Mrs. Campbell. «Viel zu anspruchsvoll für ein Mädchen. Ich lasse euch jetzt bei euerm Portwein allein.» Und sie folgte Miss Carmichael, sei es, um sie auszuschelten, sei es, um sie zu beruhigen.

Lewis Grassic Gibbon: The Preacher and the Tinks

And next Sabbath MacDougal Brown, the postmaster, came down to the Square and preached on stealing, right godly-like, and you'd never have thought that him and his wife stayed up of a night sanding the sugar and watering the paraffin – or so folk said, but they tell such lies. He was maybe fifty years old, MacDougall, a singer as well as a preacher, i'faith! though some said his voice was the kind of a thing better suited to slicing a cheese. During the War he had fair been a patriot, he hadn't fought, but losh! how he'd sung! In the first bit concert held in the War he sang Tipperary to the Segget folk, with his face all shining like a ham on the fry, and he sang it right well till he got to the bit where the song has to say that his heart's right there. And faith, MacDougall got things a bit mixed, he clapped down his hand the wrong side of his wame; and Ake Ogilvie that sat in the front of the hall gave a coarse snicker and syne everybody laughed; and MacDougall had never forgiven Ake that. But he got on well with his post-office place, Johnnie his son was a bit of a fool and MacDougall sent him to take round the letters, it cost him little with a son that was daft and MacDougall kept the cash for himself. Forbye young Jock he'd two daughters as well, the eldest, Cis, was bonny and trig, with a grave, douce face, she went to the College but she wasn't proud, a fine bit queen, and all Segget liked her.

Well, MacDougall had a special religion of his own, he wasn't Old Kirk and he wasn't of the Frees,

Lewis Grassic Gibbon: Der Prediger und die Landstreicher

Und am folgenden Sabbat kam MacDougall Brown, der Postvorsteher, herunter auf den Marktplatz und predigte über den Diebstahl, richtig gottgefällig, und keiner hätte gedacht, dass er und seine Frau nachts aufblieben und Sand in den Zucker und Wasser ins Paraffin taten – das sagten jedenfalls die Leute, aber die erzählen ja solche Lügen. Er war ungefähr fünfzig, dieser MacDougal, und bei Gott! er konnte singen und predigen, auch wenn manche sagen, mit seiner Stimme hätte er Käse in Scheiben schneiden können. Während des Krieges war er ein guter Patriot, er war zwar nicht bei den Soldaten, aber Himmel! wie hat er gesungen! Beim ersten kleinen Konzert während des Krieges hat er vor den Leuten von Segget «Tipperary» gesungen, und sein Gesicht glänzte dabei wie ein gerösteter Schinken, und er sang wunderschön, bis er zu der Stelle kam, wo es in dem Lied heißt, sein Herz sei «hier». Da kam MacDougall wahrhaftig ein bisschen durcheinander und legte seine Hand auf die falsche Seite seines Bauchs, und Ake Ogilvie, der in der ersten Reihe saß, prustete heraus, und dann lachten alle, und MacDougall hat das Ake nie verziehen. Aber mit seinem Postamt kam er gut zurecht. Johnnie, sein Sohn, war ja ein bisschen beschränkt, und MacDougall ließ ihn die Briefe austragen; bei seinem blöden Sohn hat ihn das nicht viel gekostet, und MacDougall behielt das Geld für sich. Außer Jock hatte er noch zwei Töchter, die ältere, Cis, war hübsch und gescheit, mit einem ernsten, lieben Gesicht, sie ging aufs College, war deswegen aber nicht eingebildet, eine richtige kleine Prinzessin, und alle in Segget mochten sie.

Also, MacDougall gehörte zu einer ganz besonderen Konfession. Er gehörte weder zur schottischen Kirk noch zu den

he wasn't even an Episcopalian, but Salvation Army, or as near as damn it. He went on a Sabbath morn to the Square and preached there under the lee of an angel, that the road to heaven was the way he said. He'd made two-three converts in his years in Segget, they'd stand up and say what the Lord had done, how before they'd met Him they were lost, ruined souls: but now God had made them into new men. And faith! you would think, if that was the case, the Lord's handiwork was failing, like everything else.

Well, that Sunday after the row at Smithie's, he was there at his stance where the angel stood, MacDougall himself with his flat, bald head, and beside him his mistress, a meikle great sumph, she came from the south and she mouthed her words broad as an elephant's behind, said Ake Ogilvie. She thought little of Cis, that was clever and bonny, but a lot of her youngest, the quean called Mabel – by all but her mother, she called her May-bull. Well, they both were there, and the daftie Jock, gleying, and slavering up at the angel, and a two-three more, the gardener Grant and Newlands the stationy, them and their wives; with the angel above with her nightgown drawn back, right handy-like, in case it might rap against the bald pow of MacDougall Brown. Mistress Brown opened up the harmonica they'd brought, it groaned and spluttered and gave a bit hoast, syne they started the singing of their unco hymns, Newlands burring away in his boots and MacDougall slicing the words like cheese.

Syne MacDougall started to preach about stealing, with a verse from Leviticus for the text, though the case of old Smithie had supplied the cause; and they started singing another bit hymn, all about being

Freikirchlern, nicht einmal zu den Episkopalen, sondern zur Heilsarmee oder so'n Kram. Am Sabbatmorgen stellte er sich auf den Marktplatz und predigte dort im Windschatten des Engels. Der Weg in den Himmel sei der einzige Weg, sagte er. Zwei oder drei hat er in seinen Jahren in Segget bekehrt, die standen dann immer auf und sagten, was der Herr für sie getan hatte, dass sie verlorene, unglückliche Seelen waren, bevor sie Ihm begegneten: aber nun habe Gott neue Menschen aus ihnen gemacht. Und dann dachte man, Himmel! wenn das stimmt, dann kann man sich auf die Geschicklichkeit des Herrn genauso wenig verlassen wie auf alles andere.

Also, an dem Sonntag nach dem Krach bei Smithie's stand er da auf seinem Platz beim Engel, MacDougall persönlich mit seinem kahlen Plattkopf, und neben ihm seine Madame, ein großes Trampel, sie war aus dem Süden und sprach so breit wie ein Elefantenarsch, sagte Ake Ogilvie immer. Von Cis, die gescheit und nett war, hielt sie nicht viel, dafür umso mehr von dem jüngeren Mädchen. Sie hieß Mabel, aber nicht für ihre Mutter, die nannte sie Meh-bell. Also, diese beiden waren da und der Blödian Jock, der den Engel mit offenem Mund anglotzte, und noch so ein paar, der Gärtner Grant und der Stationsvorsteher Newlands, die zwei und ihre Frauen, und darüber der Engel, der sein Nachthemd gerafft hatte, als wollte er verhindern, dass MacDougall Brown sich seinen dicken Dez daran stößt. Madame Brown zog die Harmonika auseinander, die sie mitgebracht hatten, und sie stöhnte und jaulte und hustete ein bisschen, als sie anfingen, ihre komischen Lieder zu singen. Newlands stand da und brummte, und MacDougall sägte durch die Worte wie durch Käse.

Dann fing MacDougall mit seiner Predigt über das Stehlen an und nahm dafür einen Vers aus dem dritten Buch Mose, obwohl der Fall des alten Smithie der Anlass war; und sie sangen noch ein Stück von einer Hymne, da ging es darum,

washed in the Blood of the Lamb, the Lamb being Jesus Christ, said MacDougall, he was awful fond of hymns full of blood, though he'd turned as white as a sheet the time Dite Peat had come over to kill his pig, and asked MacDougall to hold the beast down.

Well, they were getting on fine and bloody, and having fairly a splash in the gore, when MacDougall noticed there was something wrong, the words all to hell, he couldn't make it out. Syne his mistress noticed and screwed round her head, and she said *What is't?* and saw MacDougall, red as rhubarb, he'd stopped his singing. The rest of them had to do the same, for a drove of the spinners had come in about, with that tink Jock Cronin at their head, as usual, they were singing up fast and fair drowning MacDougall, a coarse-like mocking at MacDougall's hymn:

WHITER than – the whitewash on the wall!
WHITER than – the whitewash on the wall!
Oh – WASH me in the water
Where you washed your dirty dauther,
And I shall be whiter than the whitewash on the wall!

MacDougall waited until they had stopped, then he cried to Cronin *Have you no respect – you, John Cronin – for the Lord's Day at all?* And the tink said, *Damn the bit; nor have you.* And MacDougall nearly burst to hear that, he'd lived by the Bible all his life. And John Cronin said *You believe all that's in it?* and MacDougall Brown said, *Ay, I have faith.* But Cronin had fairly got him trapped now, he said *Well, it says in the Bible that if you've got faith you can move a mountain. That'll be proof. Move back the Mounth there in front of your eyes!*

mit dem Blut des Lammes reingewaschen zu werden, und dieses Lamm ist Jesus Christus, sagte MacDougall; er hatte was übrig für Hymnen mit viel Blut, obwohl er kreideweiß wurde, damals als Dite Peat rüberkam, um ihm sein Schwein zu schlachten und ihn bat, das Vieh festzuhalten.

Also, alles lief bestens, und sie planschten so richtig im Blut, da merkte MacDougall, dass irgendwas nicht stimmte, die Worte waren irgendwie daneben, aber er konnte sich's nicht erklären. Dann merkte auch seine Madame etwas und verdrehte den Hals und fragte «Wasn das?» und sah, dass MacDougall, im Gesicht rot wie Rhabarber, aufgehört hatte zu singen. Dann mussten die andern auch aufhören, denn eine Horde Fabrikarbeiter war aufgetaucht, wie üblich angeführt von Jock Cronin, dem Landstreicher, und sie sangen laut und übertönten MacDougall und zogen MacDougalls Hymne durch den Kakao:

WEISSER als die Tünche an der Wand!
WEISSER als die Tünche an der Wand!
  Oh, WASCH mich in dem Wasser,
  Wo du wuschest die schmutzige Tochter,
Dann bin ich weißer als die Tünche an der Wand!

MacDougall wartete, bis sie fertig waren, dann schrie er Cronin an: «Hast du denn gar keine Achtung, John Cronin, vor dem Tag des Herrn?» Und der Landstreicher antwortete: «Nein, verdammt, so wenig wie du selber.» MacDougall wäre fast geplatzt, als er das hörte, wo er doch sein Leben lang nach der Bibel gelebt hatte. John Cronin fragte: «Glaubst du alles, was da drin steht?» und MacDougall Brown sagte: «Ja, ich bin gläubig.» Aber jetzt hatte ihn Cronin am Wickel, und er sagte: «Na, in der Bibel steht, der Glaube kann Berge versetzen. Nun beweise es mal. Versetz mal den Berg da vor unseren Augen ein Stückchen!»

The spinners with him, a lot of tink brutes, all brayed up then. *Ay, come on, MacDougall! Move a mountain – you're used to move sand!* MacDougall habbered redder than ever, then he cried *We'll now sing Rock of Ages.* Jock Cronin cried *Where's the rock of your faith?* and as soon as MacDougall and his converts began the spinners sang up their song as before, about being whiter than the whitewash on the wall, and about MacDougall's dirty daughter; and such a noise was never heard before in the Sabbath Square of Segget.

Old Leslie came and he heard the noise, and he knew MacDougall and was right sorry for him. But when he came over and tried to interfere, Jock Cronin cried *Christ, here's Ananias!* And old Leslie walked away, fair in a rage, and went up to the Manse to complain about them.

He arrived there just after the morning service, the minister new back, and dinner-time done. And old Leslie said 'twas Infernal, just, the way that they treated a man nowadays. In his young days if a loon like that Cronin had miscalled a man he'd have been ta'en out and libbed. Ay, he minded when he was a loon up in Garvock –

But the new minister rose up and said *Well, I'll hear that again, I've no time to waste,* with a look as black as though he could kill you. And afore old Leslie knew well what had happened he was out on the doorstep and heard the door bang.

Die Arbeiter um ihn herum, ein Haufen roher Gesellen, grölten. «Also komm, MacDougall, versetz mal den Berg. Du hast doch auch den Zucker mit Sand versetzt!» MacDougall stotterte und wurde röter denn je, dann brüllte er: «Wir singen jetzt ‹Fels aller Zeiten›!» John Cronin rief: «Und wo ist der Fels deines Glaubens?» und sobald MacDougall und seine Bekehrten anfingen, sangen die Arbeiter wieder ihr Lied von der weißen Tünche an der Wand und von MacDougalls schmutziger Tochter. So einen Radau hatte es auf Seggets sonntäglichem Marktplatz noch nie gegeben.

Der alte Leslie kam vorbei und hörte den Krach, und da er MacDougall kannte, tat er ihm leid. Aber als er hinüber ging, um einzuschreiten, rief Jock Cronin: «Oh Gott, da kommt Ananias!» Und der alte Leslie war stinkwütend und ging weg, hinauf zum Pfarrhaus, um sich zu beschweren.

Er kam dort kurz nach dem Vormittagsgottesdienst an, der Pfarrer war gerade zurück, rechtzeitig zum Mittagessen. Und der alte Leslie sagte, das sei doch teuflisch, wie man heutzutage mit einem Menschen umgehe. In seiner Jugend, wenn da so ein Kerl wie dieser Cronin jemanden beschimpft hätte, da hätte er was abbekommen. Ja, er könne sich noch erinnern, wie er als junger Kerl oben in Garvock …

Aber der neue Pfarrer stand auf und sagte: «Ein andermal, ich habe jetzt keine Zeit» und sah ihn so finster an, als wollte er einen umbringen. Und noch ehe der alte Leslie wusste, wie ihm geschah, stand er vor der Tür und hörte, wie sie zuknallte.

With a warm smile of pleasant embarrassment Donul investigated the liquor curiously and handed the tumbler to Old Hector.

'Now you can speak,' said Red Dougal, 'and I'll try not to interrupt you.'

Old Hector shook his head. 'What I have to say, you already know.'

'Are we deceiving the Revenue?' demanded Red Dougal.

'We are,' responded Old Hector.

'Are we breaking the law?'

'We are.'

'What would happen to us if the three gaugers were to descend upon us at this moment?' pursued Red Dougal.

'Because the largeness of the fine would be far beyond us, you and I would be put in prison for a very long time, but Donul would not be put in prison, for he had not anything to do with this, but only happened to light on us by chance. And you will both remember that story carefully,' said Old Hector.

Red Dougal laughed. 'Have I not cornered you now, hip and beard?'

'Not that I have noticed,' replied Old Hector mildly.

'Haven't I proved you the fount and origin of lawbraking and all that's wrong?' demanded Red Dougal.

'Law-breaking, yes,' said Old Hector. 'But wrong is a difficult word. Many a day I have pondered over it, but I am not sure that I have found the answer. I only have a feeling about the answer and sometimes I go by that feeling. For, you see, laws are necessary, and to break them is wrong. Yet a law can be wrong.'

Neil Gunn: Freiheit und Whisky

Mit einem Lächeln, das angenehme Überraschung ausdrückte, prüfte Donul den Schnaps aufmerksam und reichte das Glas dann Old Hector.

«Jetzt kannst du was sagen», sagte Red Dougal, «und ich will versuchen, dich nicht zu unterbrechen.»

Old Hector schüttelte den Kopf. «Was ich zu sagen habe, weißt du schon.»

«Betrügen wir das Finanzamt?» fragte Red Dougal.

«So ist es», antwortete Old Hector.

«Brechen wir das Gesetz?»

«So ist es.»

«Was würde passieren, wenn die drei Steuerbeamten in diesem Augenblick hier auftauchten?» fuhr Red Dougal fort.

«Wir könnten die Geldstrafe gar nicht bezahlen, und darum würden wir beide für lange Zeit ins Gefängnis wandern, nur Donul käme nichts ins Gefängnis, denn er hat mit dieser Sache nichts zu tun und kam nur zufällig hier vorbei. Und diese Geschichte merkt ihr euch bitte genau», sagte Old Hector.

Red Dougal lachte. «Jetzt hab ich dich aber mit Haut und Haaren festgenagelt.»

«Davon habe ich nichts bemerkt», sagte Old Hector milde.

«Hab ich dir nicht bewiesen, dass du hinter allem steckst, was ungesetzlich und unrecht ist?» fragte Red Dougal.

«Ungesetzlich ja», sagte Old Hector, «aber ‹Unrecht› ist ein schwieriges Wort. Ich habe lange darüber nachgedacht und bin nicht sicher, ob ich eine Antwort gefunden habe. Ich ahne nur, was die Antwort ist, und manchmal folge ich dieser Ahnung. Gesetze sind nämlich notwendig, und es ist unrecht, sie zu brechen. Aber ein Gesetz kann Unrecht sein.»

'And is a law wrong just because *you* find it wrong?' scoffed Red Dougal.

'Yes,' answered Old Hector.

'But the law that's wrong to you is sure to be right to the other fellow, or it wouldn't be in it. How then?' demanded Red Dougal.

'I still must judge for myself, just like the other fellow. That he may have the power to make me suffer does not, of itself, mean that he is right. It just means that he has the power to make me suffer. But it remains with me to judge for myself the outcome of all the elements and to come to a decision on the matter.'

'What are the elements here? Eh?'

'Many and varied they are,' replied Old Hector. 'This is our old native drink, made in this land from time immemorial. We were the first makers, as you have just said. For untold centuries we had it as our cordial in life, distilled from the barley grown round our doors. In these times, because it was free, it was never abused. That is known. Deceit and abuse and drunkenness came in with the tax, for the folk had to evade the tax because they were poor. The best smuggler in my young days was an Elder of the Church. Before he started making a drop, he used to pray to God, asking Him not to let the gaugers come upon him unawares.'

'I have heard of that,' said Red Dougal. 'Tell me,' he added with a curious look, 'did you put up a few words yourself before we started here?'

'I did,' replied Old Hector, looking back at Red Dougal with his gentle smile.

The laugh that had been ready to come out died inward in Red Dougal, and he looked downward.

«Und bedeutet ein Gesetz nur deshalb Unrecht, weil du es dafür hältst?» spottete Red Dougal.

«Ja», erwiderte Old Hector.

«Aber ein Gesetz, das dir nicht recht ist, ist einem andern bestimmt recht, sonst stünde es ja nicht im Buch, oder?»

«Ich muss mir aber selber ein Urteil bilden, so wie der andere auch. Dass er vielleicht die Macht hat, mich zu bestrafen, ist ja nicht gleichbedeutend damit, dass er im Recht ist. Es bedeutet lediglich, dass er die Macht hat, mich zu bestrafen. Aber es liegt bei mir, aus sämtlichen Umständen meine Folgerungen zu ziehen und zu einer Entscheidung zu kommen.»

«Und was sind in diesem Fall die Umstände, hm?»

«Das sind viele und ganz unterschiedliche», erwiderte Old Hector. «Dies ist das traditionelle Getränk unserer Heimat, das hier seit ewigen Zeiten hergestellt wird. Wir waren die ersten, die es hergestellt haben, das hast du gerade selbst gesagt. Seit unzähligen Jahrhunderten ist es unser Lebenselixier, aus der Gerste gebrannt, die bei uns hinterm Haus wächst. Früher wurde kein Missbrauch damit getrieben, weil es nämlich erlaubt war. Das ist ja bekannt. Betrug und Missbrauch und Trunkenheit kamen erst mit der Steuer, denn die Leute mussten die Steuer umgehen, weil sie arm waren. In meiner Jugend war der beste Schwarzbrenner ein Kirchenvorsteher. Bevor er an die Arbeit ging, betete er zu Gott, er möge verhindern, dass ihn die Steuerinspektoren überraschten.»

«Davon habe ich auch gehört», sagte Red Dougal. «Sag mal», fügte er mit verschmitztem Blick hinzu, «hast du auch ein paar Worte hinauf geschickt, bevor wir hier anfingen?»

«Ja», erwiderte Old Hector und sah Red Dougal mit seinem milden Lächeln an.

Red Dougal unterdrückte das Lachen, das in ihm aufgestiegen war, und sah zu Boden.

'For we do not make this drink to profit by it at the expense of the tax,' proceeded Old Hector. 'We do not sell it. Just as Donul does not sell a salmon he takes out of the River. Nor would we even make it thus for our own use if we could afford to buy it. But we cannot buy it. We are too poor. The men who have made the law have taken our own drink from us, and have not left us wherewith to buy it. Yet they can buy it, because they are rich. I have the feeling that that is not just. I do not grudge them their riches and all it can buy for them.'

'And do you think,' said Dougal, lifting his head, 'that the Sheriff in his court will listen to your fine reasons?'

'I have no foolish notions about that,' replied Old Hector. 'But I am a man whose eightieth birthday is not so far distant, and I had to decide for myself whether my reasons might meet with understanding in a Court higher than the Sheriff's.' There was a pause, and Old Hector looked at the fire. 'There is only one thing,' he added quietly.

'What's that?' asked Red Dougal, eyeing the old man.

'I should not,' said Old Hector, 'like to die in prison.'

Compton Mackenzie: Whisky Galore

Peat-stacks became a little larger than they usually were at this time of the year. Ricks suggested that the cattle had eaten less hay than usual this winter. Loose floorboards were nailed down. Corks bobbed about in

«Wir machen dieses Getränk ja nicht, um daran zu verdienen und den Fiskus zu schädigen», fuhr Old Hector fort. «Wir verkaufen es nicht. So wenig wie Donul die Lachse verkauft, die er aus dem Fluss holt. Wir würden es ja nicht einmal für den eigenen Verbrauch herstellen, wenn wir das Geld hätten, es zu kaufen. Aber das haben wir nicht. Wir sind zu arm. Die Menschen, die die Gesetze gemacht haben, haben uns unser Getränk weggenommen und uns nichts gelassen, womit wir es kaufen könnten. Sie aber können es kaufen, denn sie sind reich. Das finde ich nicht gerecht. Ihren Rechtum und alles, was sie sich dafür kaufen können, gönne ich ihnen ja.»

«Glaubst du denn», fragte Dougal und sah auf, «dass der Sheriff im Gericht sich deine schönen Argumente anhören wird?»

«Da mache ich mir nichts vor», erwiderte Old Hector. «Aber ich habe bald meinen achtzigsten Geburtstag, und ich habe mir überlegen müssen, ob meine Gründe bei einem höheren Richter als dem Sheriff auf Verständnis stoßen.» Eine Weile sah Old Hector stumm ins Feuer. «Da ist nur eins», fügte er ruhig hinzu.

«Und das wäre?» fragte Red Dougal und sah den alten Mann an.

«Ich möchte nicht», sagte Old Hector, «im Gefängnis sterben.»

Compton Mackenzie: Jede Menge Whisky

Die Torfstapel wurden ein wenig größer als sonst zu dieser Jahreszeit. Die Heuschober machten den Eindruck, als habe das Vieh den Winter über nicht viel Heu gefressen. Lose Bretter in den Holzfußböden waren festgenagelt worden.

waters where hitherto none had bobbed. Turf recently disturbed was trodden level again as carefully as on a golf-course. In one household only was there anything in the nature of panic. This was at the post-office where Joseph Macroon would not be back from Edinburgh until the *Island Queen* brought him over from Obaig next day. The news that a strange motor-boat with the Exciseman, the Constable, and an officer in uniform was headed for Kiltod from Snorvig struck Peggy and Kate Anne with dismay.

'*A Mhuire, Mhuire,* what will we do if they come here?' Peggy asked tremulously. 'They'll put my father in prison if they find all that whisky in the shed.'

'Don't be saying such a thing, *a Pheigi,*' her sister adjured her. 'They mustn't be finding it. Where's Kenny?'

'Och, Kenny!' Peggy scoffed. 'It would just be a fine excitement for Kenny if his father was taken away to prison.'

'What will we do then?' Kate Anne asked in much agitation.

Peggy took her father's decrepit spy-glass and went outside the shop to watch the hostile boat.

'He's looking terribly fierce,' she said to her sister.

'Who is?'

'The Constable. *A Mhuire mhàthair,* just as black as a crow. And there's a soldier with him right enough. The other will be the Exciseman from Nobost. They're just coming straight for us.'

'There's Kenny down by the quay,' said Kate Anne. 'Kenny!' she cried. *'A Choinnich!'*

But their younger brother paid no attention. He was absorbed in watching the approach of the *Pearl.*

Auf dem Wasser tanzten Korken an Stellen, wo man sonst nie welche gesehen hatte. Und der Rasen, der eben noch Löcher aufwies, war überall so glatt getreten wie auf einem Golfplatz. Nur in einem Haushalt war eine kleine Panik entstanden: in der Postfiliale. Joseph Macroon war nämlich noch nicht aus Edinburgh zurückgekehrt, die ‹Island Queen› sollte ihn erst am folgenden Tage aus Obaig herüberbringen. Die Nachricht, dass ein fremdes Motorboot mit dem Steuereinnehmer, dem Wachtmeister und einem Offizier in Uniform auf dem Weg von Snorvig nach Kiltod war, versetzte Peggy und Kate Anne in helle Aufregung.

«A Mhuire, Mhuire, was sollen wir nur tun, wenn sie herkommen?» rief Peggy mit zitternder Stimme. «Wenn sie all den Whisky im Schuppen finden, stecken sie Vater ins Gefängnis.»

«Sag doch so was nicht, a Pheigi!» mahnte ihre Schwester. «Sie dürfen ihn eben nicht finden. Wo ist Kenny?»

«Ach, der!» rief Peggy verächtlich. «Für Kenny wär's nur ein aufregendes Abenteuer, wenn sein Vater ins Gefängnis müsste!»

«Aber was machen wir nur?» fragte Kate Anne aufgeregt.

Peggy holte das altersschwache Fernglas ihres Vaters und beobachtete damit das feindliche Boot. «Er sieht furchtbar streng aus», berichtete sie.

«Wer?»

«Der Wachtmeister! A Mhuire mhàthair, schwarz wie eine Krähe! Und da ist tatsächlich ein Soldat bei ihm. Der andere ist wahrscheinlich der Steuerbeamte aus Nobost. Sie steuern jetzt genau auf uns zu!»

«Da ist Kenny! Unten am Hafen!» sagte Kate Anne. «Kenny!» rief sie. «A Choinnich!»

Aber ihr jüngerer Bruder achtete nicht auf sie, sondern beobachtete ebenfalls die näher kommende «Pearl».

'Will they be taking us away with them if they find all that whisky?' Kate Anne asked.

'Och, I don't know what they'll be doing,' said Peggy almost in despair.

'Will I run up to the Chapel House and ask Father James what we'd better do?' Kate Anne suggested as a last hope.

'Father James will be thinking about his own whisky,' her sister replied. 'He'll just be laughing at us. Och, there's only one thing we can do. We must just empty it all away.'

'What will himself be saying when he comes back from Edinburgh and finds all his whisky gone?' Kate Anne asked.

'Don't be daft, Kate Anne. If he comes back from Edinburgh and finds us gone and his whisky too, what will he be saying then at all?'

'Where would we be gone to?'

'To prison. Where else?'

'To prison? Us?' Kate Anne gasped. *'A Dhia,* Peggy, come on and pour it all away before they get here.'

At this moment the decrepit spy-glass, which only Joseph Macroon himself knew how to nurse, collapsed in Peggy's hands, and without waiting to see which direction the hostile boat was taking, she led the way at a run toward her father's big shed at the back in which the lumber of years was stored.

'We'll never get all these bottles out before they catch us,' Kate Anne declared when they pulled away the tarpaulin from the pile of cases.

'We'll try anyway,' said Peggy resolutely. 'Maybe they won't be coming here first. Get a hammer and a chisel and don't be standing there like a dummy. I'm sure it's me that will be glad when I'm married.

«Werden sie uns auch einsperren, wenn sie den vielen Whisky finden?» fragte Kate Anne.

«Woher soll ich das wissen?» rief Peggy der Verzweiflung nahe.

«Ob ich schnell zum Pfarrhaus laufe und Pater James frage, was wir machen sollen?» schlug Kate Anne als letzten Ausweg vor.

«Pater James hat sicher genug mit seinem eigenen Whisky zu tun», entgegnete ihre Schwester. «Der lacht höchstens. Ach, es bleibt uns nichts anderes übrig, als alle Flaschen auszuleeren.»

«Aber was sagt dann Vater dazu, wenn er aus Edinburgh zurückkommt, und sein ganzer Whisky ist weg?»

«Sei nicht albern, Kate Anne! Was wird er erst sagen, wenn er von Edinburgh zurückkommt, und nicht nur sein Whisky ist verschwunden, sondern auch wir?»

«Wo sollten wir denn sein?»

«Wo? Im Gefängnis natürlich.»

«Wir? Im Gefängnis?» Kate Anne rang nach Atem. «A Dhia, Peggy, schnell, lass uns den ganzen Whisky wegschütten, ehe sie kommen!»

In diesem Augenblick brach das alte Fernglas, mit dem nur Joseph Macroon richtig umgehen konnte, in Peggys Händen entzwei, und ohne abzuwarten, welche endgültige Richtung das feindliche Boot einschlagen würde, rannte sie auf den Schuppen hinterm Haus zu, in dem das Gerümpel von Jahren aufgestapelt war.

«Die vielen Flaschen können wir nie ausleeren, bevor sie uns schnappen!» rief Kate Anne, als sie das Segeltuch von dem Kistenstapel zog.

«Wir werden's jedenfalls versuchen», antwortete Peggy entschlossen. «Vielleicht kommen sie nicht zuerst zu uns. Hol Hammer und Meißel, steh nicht da wie angewurzelt! Ich bin froh, wenn ich erst mal verheiratet bin. Uns hier

Going off to Edinburgh like that and leaving us here with all this whisky! Wait you till my father comes back tomorrow and see what I'll be telling him.'

As fast as the girls could pull them out of the cases they opened the bottles and poured out the liquid gold on the floor of the shed. Highland Hope and Highland Heart, Tartan Milk and Tartan Perfection, Stag's Breath and Stalker's Joy, yes, even Stalker's Joy, which Joseph had finally decided was the brand he liked best of all and of which he had collected a dozen bottles for his own consumption, all were blended ruthlessly upon the earthen floor of the big shed for only the air to taste.

'A Mhuire, Mhuire, I feel quite funny, Kate Anne,' said Peggy when nothing remained of the contents of at least a couple of hundred bottles of whisky except the heady fumes.

'I'm just going round inside my head like a top,' her sister declared …

The return of Joseph Macroon from Edinburgh, where he had not succeeded in persuading the Department of Agriculture to support his notion of applying for a licence to sell spiritous liquor at Kiltod, was less happy that Tuesday than the return of Major Quiblick to Nobost.

As soon as the *Morning Star* brought him across from the *Island Queen* he went to his shed, having heard on the pier of the activity on Little Todday the previous day. He opened the door. He sniffed the air. He muttered something under his breath. He darted forward and pulled away the tarpaulin. He gazed at the hillock of empty bottles. He groaned. He took from his head the ceremonious bowler he had been wearing to keep his end up in Edinburgh. He flung it

mit all dem Whisky allein zu lassen! Wart nur, wenn Vater morgen aus Edinburgh kommt, dann werd' ich ihm aber meine Meinung sagen!»

So schnell die Mädchen die Flaschen auspackten, so schnell hatten sie sie auch geöffnet und das flüssige Gold auf den Boden des Schuppens gegossen. Highland Hope und Highland Heart, Tartan Mild und Tartan Extra, König der Wälder und Jägerstolz – ja, sogar Jägerstolz, die Sorte, die Joseph nach vielem Probieren zu seiner bevorzugten erklärt und von der er sich zum Privatgebrauch ein Dutzend Flaschen reserviert hatte – sie alle vermischten sich ohne Erbarmen auf dem Fußboden des großen Schuppens, und einzig die Luft kam in ihren Genuss.

«A Mhuire, Mhuire, mir ist ganz schwindlig, Kate Anne», sagte Peggy, als von mindestens zweihundert Flaschen Whisky nichts weiter übriggeblieben war als ein schwerer Dunst.

«In meinem Kopf dreht sich auch alles im Kreis», bestätigte ihre Schwester …

Weniger glücklich als Major Quiblicks Ankunft in Nobost war Joseph Macroons Rückkehr an diesem Dienstag aus Edinburgh. Es war ihm nicht gelungen, das Landwirtschaftsministerium zu bewegen, seinem Gesuch um eine Lizenz zum Verkauf von Spirituosen in Kiltod stattzugeben.

Kaum hatte ihn die «Morning Star» von der «Island Queen» abgeholt und an Land gebracht, ging er zu seinem Schuppen, da er schon am Kai gehört hatte, was am Tage vorher auf Little Todday geschehen war. Er öffnete die Tür, schnupperte, murmelte etwas vor sich hin. Dann stürzte er in die Ecke und zerrte das Segeltuch beiseite. Er starrte auf einen Berg leerer Flaschen und stöhnte laut. Dann nahm er den Bowler-Hut, den er in Edinburgh getragen hatte, um einen guten Eindruck zu machen, schleuderte

down on the whisky-soaked earthen floor, and hurried away to his own room at the back of the shop.

'A Pheigi! A Chatriona! A Choinnich!' he cried. *'Cà bheil sibh? Thigibh an so! Thigibh! Thigibh! A Dhia nan Gràs, cà bheil sibh?'*

'What's the matter, father?' Peggy asked coming in from the post-office. 'Kenny's away back to Snorvig for the mail. And Kate Anne's away with him.'

'My whisky! Who's after throwing away all my whisky?'

'Kate Anne and I were afraid the Constable was coming here. They were all over the island yesterday and everybody was hiding away their Minnie as hard as they could be.'

'*A Dhia,* then why weren't the two of you hiding it?' the stricken father moaned.

'How could we be hiding all those cases?' Peggy asked indignantly. 'Kate Anne and me nearly killed ourselves opening them and emptying out the bottles. I don't know how many there were.'

'Eighteen cases,' Joseph groaned. 'Two hundred and sixteen bottles, and twelve of them Stalker's Joy, the best of all. Daughters? *Ochòin mo thruaighe!* They're just a misery and a burden to a man.'

King Lear himself was speaking.

Robert H. Christie: Haggis

Clean a sheep's pluck thoroughly. Make incisions in the heart and liver to allow the blood to flow out, and parboil them, letting the windpipe lie over the side of the pot to permit the phlegm and blood to disgorge from the lungs; change the water after

ihn auf den whiskygetränkten Lehmboden und hastete in seine Stube hinter dem Laden.

«A Pheigi! A Chatriona! A Choinnich!» brüllte er. «Cà bheil sibh? Thigibh an so! Thigibh! Thigibh! A Dhia nan Gràs, cà bheil sibh?»

«Was ist denn, Vater?» fragte Peggy, die aus dem Postbüro kam. «Kenny holt in Snorvig die Post, und Kate Anne ist mit ihm gefahren.»

«Mein Whisky! Wer hat denn all meinen Whisky ausgeleert?»

«Kate Anne und ich. Wir hatten Angst, der Wachtmeister könnte kommen. Sie haben gestern die ganze Insel abgesucht, und alle Leute haben ihren Whisky versteckt, so schnell sie konnten.»

«A Dhia, warum habt ihr dann nicht auch meinen Whisky versteckt?» stöhnte der schwer geprüfte Vater.

«Wie hätten wir denn die vielen Kisten verstecken können!» rief Peggy empört. «Kate Anne und ich haben uns bald umgebracht vor lauter Arbeit, alle zu öffnen und auszugießen. Weiß der Himmel, wie viele es waren!»

«Achtzehn Kisten!» ächzte Joseph. «Zweihundertsechzehn Flaschen, und zwölf davon waren ‹Jägerstolz›, die allerbesten. Töchter? Ochòin mo thruaighe! Sie sind einem nur eine Last und ein Elend.»

Es war, als spräche König Lear selber.

Robert H. Christie: Haggis

Man wasche die Innereien eines Schafes gründlich. In Herz und Leber Einschnitte machen, um das Blut abfließen zu lassen, und gar kochen; die Luftröhre dabei seitlich über den Topfrand hängen lassen, so dass Blut und andere Flüssigkeit aus der Lunge austreten kann. Kochwasser nach einigen Mi-

a few minutes' boiling for fresh water. Another half hour's boiling will be sufficient; but throw back the half of the liver to boil until it will grate easily. Take the heart, the half of the liver and the lungs, trimming away all skins and black-looking parts, and mince them together along with a pound of good beef suet. Grate the other half of the liver. Have eight onions peeled and scalded, which chop and mix with this mince. Toast some oatmeal before the fire till it is of a light brown colour and perfectly dry. Less than two teaspoonfuls of meal will do for this quantity of meat. Spread the mince on a board and strew the meal lightly over it, with a high seasoning of pepper, salt, a little cayenne and marjoram, well mixed. Have a sheep's stomach perfectly clean, and see that there is no thin part in it in case of its bursting. Put in the meat with a half-pint of good beef gravy, or as much strong broth and the juice of a lemon or a little good vinegar as will make a thick stew. Be careful not to fill the bag too full so as to allow the meat room to swell. Press out the air and sew up the bag; prick it with a large needle when it first swells in the pot, to prevent bursting; let it boil slowly for three hours if large.

Tobias Smollett: Edinburgh

The palace of Holyrood house stands on the left, as you enter the Canongate – This is a street continued from hence to the gate called Nether Bow, which is now taken away; so that there is no interruption for

nuten abgießen und durch frisches ersetzen. Eine weitere halbe Stunde Kochzeit reicht aus; die Leber jedoch weiterkochen, bis sie sich mühelos auf einer Reibe zerkleinern lässt. Vom Herz, der halben Leber und der Lunge dünne Häute und alle schwarz verfärbten Stellen entfernen und alles mit einem Pfund guten Rinderfetts durch den Fleischwolf drehen. Die andere Hälfte der Leber auf einer Reibe zerkleinern. Acht Zwiebeln schälen und überbrühen, klein hacken und unter das gemahlene Fleisch heben. Etwas Hafergrütze über dem Feuer rösten, bis sie hellbraun und völlig trocken ist; für diese Menge Fleisch sind weniger als zwei Teelöffel ausreichend. Das gemahlene Fleisch auf einem Küchenbrett verstreichen, die Hafergrütze darüberstäuben, das Ganze mit einer Mischung aus Pfeffer, Salz, etwas Cayenne und Majoran kräftig würzen. Einen gründlich gereinigten Schafsmagen bereit halten und darauf achten, dass dieser keine dünnen Stellen hat, die reißen könnten. Das Fleisch mit einer halben Pint dicker Rinderbratensoße (oder mit so viel kräftiger Fleischbrühe und dem Saft einer Zitrone bzw. etwas gutem Essig, wie man zum Schmoren benötigt) vermengen und in den Magen füllen. Dabei darauf achten, dass dieser nicht zu prall gefüllt wird, damit das Fleisch sich ausdehnen kann. Die Luft ausdrücken und das Ganze zunähen. Mit einer großen Nadel einstechen, sobald der Magen sich im Kochtopf auszudehnen beginnt, damit er nicht platzt. Auf kleiner Flamme drei Stunden köcheln, wenn es eine große Portion ist.

Tobias Smollett: Edinburgh

Wenn man Canongate betritt, befindet sich der Palast von Holyrood House auf der linken Seite. Diese Straße verläuft von hier zum Nether Bow genannten Tor, das man inzwischen abgerissen hat, so dass es auf eine reichliche Meile zwischen

a long mile, from the bottom to the top of the hill on which the Castle stands in a most imperial situation – Considering its fine pavement, its width, and the lofty houses on each side, this would be undoubtedly one of the noblest streets in Europe, if an ugly mass of mean buildings, called the Lucken-Booths, had not thrust itself, by what accident I know not, into the middle of the way, like Middle-Row in Holborn. The city stands upon two hills, and the bottom between them; and, with all its defects, may very well pass for the capital of a moderate kingdom – It is full of people, and continually resounds with the noise of coaches and other carriages, for luxury as well as commerce. As far as I can perceive, here is no want of provisions – The beef and mutton are as delicate here as in Wales; the sea affords plenty of good fish; the bread is remarkably fine; and the water is excellent, though I'm afraid not in sufficient quantity to answer all the purposes of cleanliness and convenience; articles in which, it must be allowed, our fellow-subjects are a little defective – The water is brought in leaden pipes from a mountain in the neighbourhood, to a cistern on the Castle-hill, from whence it is distributed to public conduits in different parts of the city – From these it is carried in barrels, on the backs of male and female porters, up two, three, four, five, six, seven, and eight pair of stairs, for the use of particular families – Every story is a complete house, occupied by a separate family; and the stair being common to them all, is generally left in a very filthy condition; a man must tread with great circumspection to get safe housed with unpolluted shoes – Nothing can form a stronger contrast, than the difference betwixt the outside and inside of

dem unteren Ende und dem Schloss, das in beherrschender Lage oben auf dem Hügel steht, keine Unterbrechung gibt. Betrachtet man das schöne Pflaster dieser Straße, ihre Breite und die stattlichen Häuser zu beiden Seiten, so könnte dies ohne Zweifel eine der prächtigsten Straßen in Europa sein, wenn sich nicht aus Gründen, die ich nicht kenne, eine Ansammlung schäbiger Häuser, die so genannten «Lucken Booths» dazwischen gedrängt hätte, ähnlich denen der Middle Row in Holborn. Die Stadt steht auf zwei Hügeln, und dazwischen liegt eine Senke, und trotz ihrer Mängel könnte sie durchaus für die Hauptstadt eines bescheidenen Königreichs angesehen werden. Sie ist voll von Menschen und hallt beständig vom Lärm der Kutschen und anderer teils Luxus-, teils Handelsfahrzeuge wider. Soweit ich sehe, besteht an Lebensmitteln kein Mangel. Rind- und Hammelfleisch sind hier so schmackhaft wie in Wales, das Meer liefert reichlich guten Fisch, das Brot ist bemerkenswert wohlschmeckend und das Wasser ist ausgezeichnet, wenn auch leider nicht in ausreichender Menge vorhanden, um für alle Zwecke der Reinlichkeit und anderer Bedürfnisse zu genügen, und man muss gestehen, dass unsere Mitmenschen hier in dieser Hinsicht zu wünschen übrig lassen. Das Wasser wird in Bleirohren von einem nahe gelegenen Berg zu einer Zisterne auf dem Castle Hill geleitet, von wo aus es durch offene Kanäle in die verschiedenen Stadtteile fließt. Von dort wird es in Fässern von männlichen und weiblichen Trägern auf dem Rücken zwei, drei, vier, fünf, sechs, sieben oder acht Treppen hinauf geschleppt, wo es die einzelnen Familien verbrauchen. Jedes Stockwerk ist wie ein Haus für sich, in dem jeweils eine Familie wohnt, während die Treppe von allen gemeinsam benutzt wird und daher meist sehr schmutzig ist; man muss genau aufpassen, wo man seine Füße hinsetzt, wenn man sicher und ohne schmutzige Schuhe nach Hause kommen will. Man kann sich keinen größeren Gegensatz denken als den, der diesseits

the door; for the good-women of this metropolis are remarkably nice in the ornaments and propriety of their apartments, as if they were resolved to transfer the imputation from the individual to the public. You are no stranger to their method of discharging all their impurities from their windows, at a certain hour of the night, as the custom is in Spain, Portugal, and some parts of France and Italy – A practice to which I can by no means be reconciled; for notwithstanding all the care that is taken by their scavengers to remove this nuisance every morning by break of day, enough still remains to offend the eyes, as well as other organs of those whom use has not hardened against all delicacy of sensation.

The inhabitants seem insensible to these impressions, and are apt to imagine the disgust that we avow is little better than affectation; but they ought to have some compassion for strangers, who have not been used to this kind of sufferance; and consider, whether it may not be worth while to take some pains to vindicate themselves from the reproach that, on this account, they bear among their neighbours. As to the surprising height of their houses, it is absurd in many respects; but in one particular light I cannot view it without horror; that is, the dreadful situation of all the families above, in case the common staircase should be rendered impassable by a fire in the lower stories – In order to prevent the shocking consequences that must attend such an accident, it would be a right measure to open doors of communication from one house to another, on every story, by which the people might fly from such a terrible visitation. In all parts of the world, we see the force of habit prevailing over all the dictates of

und jenseits der Haustür besteht, denn die Damen dieser großen Stadt nehmen es sehr genau, was die Ausschmückung und Sauberkeit ihrer Wohnungen betrifft, und es scheint, als wolle man, was der Einzelne verursacht, auf die Allgemeinheit abwälzen. Dir ist ja nicht unbekannt, dass sie all ihren Unrat zu einer gewissen Nachtstunde aus den Fenstern werfen, so wie es auch in Spanien, Portugal und einigen Teilen Frankreichs und Italiens üblich ist. Es ist dies eine Praxis, mit der ich mich einfach nicht abfinden kann, denn auch wenn ihre Müllmänner sich noch so sehr bemühen, diesen Abfall jeden Morgen bei Sonnenaufgang zu beseitigen, so bleibt doch genug davon liegen, was das Auge und auch die anderen Sinnesorgane all derjenigen stört, deren Wahrnehmungsfähigkeit nicht durch Gewohnheit völlig abgestumpft ist.

Den Einwohnern selbst scheint das nichts auszumachen, und sie neigen dazu, uns für übertrieben zimperlich zu halten, wenn wir unserem Ekel Ausdruck verleihen. Dabei sollten sie doch auf Besucher, die an solche Unbilden nicht gewöhnt sind, etwas mehr Rücksicht nehmen und darüber nachdenken, ob es nicht der Mühe wert wäre, der Kritik, die ihnen deswegen von ihren Inselnachbarn zuteil wird, den Boden zu entziehen. Was nun die erstaunliche Höhe ihrer Häuser betrifft, so ist diese in vielerlei Hinsicht absurd, aber unter einem Gesichtspunkt sehe ich sie mit besonderem Entsetzen: nämlich hinsichtlich der schrecklichen Lage der Familien in den oberen Geschossen, wenn in einem der unteren Stockwerke ein Feuer ausbricht und die einzige Treppe unpassierbar ist. Um im Falle eines solchen Unglücks Schreckliches zu verhindern, wäre die einzig richtige Maßnahme die, auf jedem Stockwerk Verbindungstüren zu den Nachbarhäusern zu schaffen, durch die die Menschen dem Verderben entkommen könnten. Aber wir stellen überall auf der Welt fest, dass die Macht der Gewohnheit über die Gebote der Zweckmäßigkeit und Vernunft siegt. So beobachten wir, wie

convenience and sagacity – All the people of business at Edinburgh, and even the genteel company, may be seen standing in crowds every day, from one to two in the afternoon, in the open street, at a place where formerly stood a market-cross, which (by the bye) was a curious piece of Gothic architecture, still to be seen in lord Sommerville's garden in this neighbourhood – I say, the people stand in the open street from the force of custom, rather than move a few yards to an Exchange that stands empty on one side, or to the Parliament-close on the other, which is a noble square, adorned with a fine equestrian statue of king Charles II. – The company thus assembled, are entertained with a variety of tunes, played upon a set of bells, fixed in a steeple hard by – As these bells are well-toned, and the musician, who has a salary from the city, for playing upon them with keys, is no bad performer, the entertainment is really agreeable, and very striking to the ears of a stranger.

R. L. Stevenson: Edinburgh

Edinburgh pays cruelly for her high seat in one of the vilest climates under heaven. She is liable to be beaten upon by all the winds that blow, to be drenched with rain, to be buried in cold sea fogs out of the east, and powdered with the snow as it comes flying southward from the Highland hills. The weather is raw and boisterous in winter, shifty and ungenial in summer, and a downright meteorological purgatory in the spring. The delicate die early, and I, as a survivor, among bleak winds and pumping rain, have

die Geschäftsleute von Edinburgh und sogar die vornehme Gesellschaft täglich zwischen ein und zwei Uhr auf offener Straße in Haufen beisammen stehen, und zwar an einer Stelle, an der sich früher ein Marktkreuz befand (das nebenbei bemerkt ein merkwürdiges Beispiel gotischer Baukunst war, welches man heute im nahe gelegenen Garten des Lord Sommerville besichtigen kann) – die Leute stehen also aus reiner Gewohnheit auf offener Straße beisammen, anstatt ein paar Schritte weiter zur Börse zu gehen, die leersteht, oder zum Parlamentsplatz auf der anderen Seite, einem vornehmen, mit einem Reiterstandbild König Karls II. geschmückten Platz. Die hier versammelte Gesellschaft wird mit allerlei Melodien ergötzt, die von einem Glockenspiel stammen, das an einem Turm in der Nähe angebracht ist. Diese Glocken sind gut gestimmt, und der Musikant, der für sein Spiel von den Stadtvätern ein Gehalt bezieht, macht seine Sache nicht schlecht, und so ist dies eine recht angenehme Unterhaltung, die in den Ohren des Besuchers bemerkenswert klingt.

R. L. Stevenson: Edinburgh

Dafür, dass es hoch oben thront, muss Edinburgh grausam mit einem Klima bezahlen, das zu den schlechtesten der Welt zählt. Immer wieder wird es von den Winden, woher sie auch wehen, durchgeprügelt, vom Regen aufgeweicht, in kaltem Nebel, der vom Meer im Osten kommt, begraben und mit Schnee bestreut, wenn er von den Bergen der Highlands nach Süden getrieben wird. Im Winter ist das Wetter rauh und stürmisch, im Sommer unberechenbar und unfreundlich, und im Frühjahr ist es ein wahres meteorologisches Fegefeuer. Die körperlich Schwachen sterben jung, und obwohl ich die eisi-

been sometimes tempted to envy them their fate. For all who love shelter and the blessing of the sun, who hate dark weather and perpetual tilting against squalls, there could scarcely be found a more unhomely and harassing place of residence. Many such aspire angrily after that Somewhere-else of the imagination, where all troubles are supposed to end. They lean over the great bridge which joins the New Town with the Old – that windiest spot, or high altar, in this northern temple of the winds – and watch the trains smoking out from under them and vanishing into the tunnel on a voyage to brighter skies. Happy the passengers who shake off the dust of Edinburgh, and have heard for the last time the cry of the east wind among her chimney-tops! And yet the place establishes an interest in people's hearts; go where they will, they find no city of the same distinction; go where they will, they take a pride in their old home.

William McIllvanney: A Small and Great City

From his vantage point in Ruchill Park, Laidlaw looked out over the city. He could see so much of it from here and still it baffled him. 'What is this place?' he thought.

A small and great city, his mind answered. A city with its face against the wind. That made it grimace. But did it have to be so hard? Sometimes it felt so hard. Well, that was some wind and it had never stopped blowing.

gen Winde und den heftigen Regen überlebt habe, war ich manchmal in Versuchung, sie um ihr Schicksal zu beneiden. Wer Geborgenheit und segensreichen Sonnenschein liebt, wer finsteres Wetter und Windböen, gegen die man ankämpfen muss, hasst, der könnte kaum einen unwirtlicheren, quälenderen Wohnort finden. Viele von diesen wünschen sich wütend an den Ort Anderswo ihrer Fantasie, wo alle Qual vermeintlich ein Ende hat. Sie lehnen sich über die große Brücke, die Neustadt und Altstadt verbindet – diesen windigsten Ort oder Hochaltar dieses nördlichen Tempels der Winde – und beobachten die Züge, die unter ihnen vorüberdampfen und im Tunnel verschwinden auf ihrer Reise zu einem helleren Himmel. Glücklich die Reisenden, die den Staub Edinburghs abschütteln können und das schrille Pfeifen des Ostwinds zwischen den Kaminen zum letzten Mal hören! Und doch pflanzt dieser Ort eine gewisse Anteilnahme in die Herzen der Menschen. Wohin sie auch gehen, sie werden keine zweite Stadt mit diesen Besonderheiten finden; wohin sie auch gehen, sie werden auf ihre alte Heimatstadt stolz sein.

William McIllvanney: Eine große und kleine Stadt

Von seinem Standort im Ruchill Park aus konnte Laidlaw die ganze Stadt überblicken. Aber obwohl er so viel von ihr sah, blieb sie ihm ein Rätsel. «Was ist das für ein Ort?» dachte er.

Eine große und kleine Stadt, antwortete es in seinem Kopf. Eine Stadt, der der Wind ins Gesicht bläst. Deshalb schnitt sie Grimassen. Aber musste sie so hart sein? Manchmal kam sie ihm sehr hart vor. Na ja, es war ein scharfer Wind, der nie aufhörte zu blasen.

Even when this place was the second city of the British Empire, affluence had never softened it because the wealth of the few had become the poverty of the many. The many had survived, however harshly, and made the spirit of the place theirs. Having survived affluence, they could survive anything. Now that the money was tight, they hardly noticed the difference. If you had it, all you did was spend it. The money had always been tight. Tell us something we don't know. That was Glasgow. It was a place so kind it would batter cruelty into the ground. And what circumstances kept giving it was cruelty. No wonder he loved it. It danced among its own debris. When Glasgow gave up, the world could call it a day.

Standing so high, Laidlaw felt the bleakness of summer on his face and understood a small truth. Even the climate here offered no favours. Standing at a bus-stop, you talked out the side of your mouth, in case your lips got chapped. Maybe that was why the West of Scotland was where people put the head on one another – it was too cold to take your hands out your pockets. But it did have compensations.

Laidlaw had a happy image of the first man out after the nuclear holocaust being a Glaswegian. He would straighten up and look around. He would dust himself down with that flickering gesture of the hands and, once he had got the strontium off the good suit, he would look up. The palms would be open.

'Hey,' he would say. 'Gonny gi'es a wee brek here? What was that about? Ye fell oot wi' us or what? That was a liberty. Just you behave.'

Sogar als das noch die zweite Stadt des britischen Empire war, hatte der Wohlstand sie nicht weich gemacht, denn der Wohlstand der Wenigen war zur Armut der Vielen geworden. Die Vielen hatten überdauert, wenn auch unter schweren Bedingungen, und hatten sich den Geist dieser Stadt zu eigen gemacht. Da sie den Wohlstand überlebt hatten, konnten sie alles überleben. Jetzt war das Geld knapp geworden war, aber sie fühlten den Unterschied kaum. Hatte man welches, dann gab man es eben aus. Geld war schon immer knapp, erzähl uns was Neues. So war Glasgow. Diese Stadt war so herzensgut, dass sie Gewalttätigkeit kurz und klein schlug. Und die Umstände hatten ihr reichlich Gewalttätigkeit zugeteilt. Kein Wunder also, dass er sie liebte. Diese Stadt tanzte zwischen ihren eigenen Ruinen. Wenn Glasgow einmal aufgab, dann konnte auch die ganze übrige Welt einpacken.

Da er so weit oben stand, fühlte Laidlaw die Kälte des Sommers in seinem Gesicht und kam zu einer kleinen Erkenntnis. Sogar das Klima tat einem hier keinen Gefallen. Wenn man an einer Bushaltestelle wartete, sprach man aus dem Mundwinkel, damit einem die Lippen nicht aufsprangen. Vielleicht war das auch der Grund, weshalb die Menschen im Westen Schottlands Kopfstöße austeilten: Es war zu kalt, um die Hände aus den Taschen zu nehmen. Aber es hatte auch seine guten Seiten.

Laidlaw malte sich vergnügt aus, dass der erste, der nach dem nuklearen Holocaust wieder zum Vorschein käme, ein Einwohner von Glasgow wäre. Er würde sich aufrichten und sich umschauen. Mit ein paar Handbewegungen würde er sich den Staub abklopfen und, nachdem er sich das Strontium von seinem guten Anzug gebürstet hatte, mit ausgebreiteten Armen nach oben sehen.

«He!» würde er rufen. «Lass uns in Ruhe! Was soll das denn? Hast du was gegen uns? Das war ziemlich ungezogen. Benimm dich gefälligst.»

Then he would walk off with that Glaswegian walk, in which the shoulders don't move separately but the whole torso is carried as one, as stiff as a shield. And he would be muttering to himself, 'Must be a coupla bottles of something still intact.'

Alasdair Gray: Imagine Glasgow

One morning Thaw and McAlpin went into the Cowcaddens, a poor district behind the ridge where the art school stood. They sketched in an asphalt playpark till small persistent boys ('Whit are ye writing, mister? Are ye writing a photo of that building, mister? Will ye write *my* photo, mister?') drove them up a cobbled street to the canal. They crossed the shallow arch of a wooden bridge and climbed past some warehouses to the top of a threadbare green hill. They stood under an electric pylon and looked across the city centre. The wind which stirred the skirts of their coats was shifting mounds of grey clouds eastward along the valley. Travelling patches of sunlight went from ridge to ridge, making a hump of tenements gleam against the dark towers of the city chambers, silhouetting the cupolas of the Royal Infirmary against the tomb-glittering spine of the Necropolis. 'Glasgow is a magnificent city,' said McAlpin. 'Why do we hardly ever notice that?' 'Because nobody imagines living here,' said Thaw. McAlpin lit a cigarette and said, 'If you want to explain that I'll certainly listen.'

'Then think of Florence, Paris, London, New York. Nobody visiting them for the first time is

Dann würde er mit diesem typischen Glasgower Gang davongehen, bei dem sich die Arme nicht abwechselnd bewegen, sondern der ganze Körper sich steif wie ein Brett hält. Und er würde dabei vor sich hin murmeln: «Ein paar Flaschen müssen doch irgendwo noch heil geblieben sein.»

Alasdair Gray: Stell dir Glasgow vor

Eines Morgens gingen Thaw und McAlpin nach Cowcaddens; dies war ein armer Bezirk jenseits der Erhebung, auf der die Kunstschule stand; sie machten Skizzen auf einem asphaltierten Spielplatz, bis kleine zudringliche Jungen («Was schreibste denn, Mister? Schreibste ein Foto von dem Haus da, Mister? Kannste *mein* Foto schreiben, Mister?») die beiden vertrieben, so dass sie sich auf einer Straße mit Kopfsteinpflaster zum Kanal zurückzogen. Sie überquerten den niedrigen Bogen einer Holzbrücke und kletterten an ein paar Speichern vorbei zur Spitze eines schäbigen grünen Hügels. Sie standen unter einem Hochspannungsmast und blickten über das Stadtzentrum hinweg. Der Wind, der ihre Mantelschöße flattern ließ, schob Berge von grauen Wolken ostwärts das Tal entlang. Dahinziehende Flecke von Sonnenlicht bewegten sich von Kamm zu Kamm, ließen einen Buckel aus Mietshäusern vor den dunklen Türmen des Rathauses glänzen und hoben die Kuppeln des Krankenhauses vor dem von Gräbern funkelnden Grat der Nekropolis ab. «Glasgow ist eine prächtige Stadt», sagte McAlpin. «Warum bemerken wir das kaum je?» «Weil niemand sich vorstellt, dass er hier lebt», antwortete Thaw. McAlpin steckte sich eine Zigarette an. «Wenn du das erklären willst, höre ich gern zu.»

«Dann denk an Florenz, Paris, London, New York. Niemand, der sie zum ersten Mal besucht, fühlt sich dort als

a stranger because he's already visited them in paintings, novels, history books and films. But if a city hasn't been used by an artist not even the inhabitants live there imaginatively. What is Glasgow to most of us? A house, the place we work, a football park or golf course, some pubs and connecting streets. That's all. No, I'm wrong, there's also the cinema and library. And when our imagination needs exercise we use these to visit London, Paris, Rome under the Caesars, the American West at the turn of the century, anywhere but here and now. Imaginatively Glasgow exists as a musical-hall song and a few bad novels. That's all we've given to the world outside. It's all we've given to ourselves.'

'I thought we had exported other things – ships and machinery, for instance.'

'Oh, yes, we were once the world's foremost makers of several useful things. When this century began we had the best organized labour force in the United States of Britain. And we had John McLean, the only Scottish schoolteacher to tell his students what was being done to them. He organized the housewives' rent strike, here, on Clydeside, which made the government stop the landlord getting extra money for the duration of World War One. That's more than most prime ministers have managed to do. Lenin thought the British revolution would start in Glasgow. It didn't. During the general strike a red flag flew on the city chambers over there, a crowd derailed a tramcar, the army sent tanks into George Square; but nobody was hurt much. Nobody was killed, except by bad pay, bad housing, bad feeding. McLean

Fremder, weil er sie schon aus Gemälden, Romanen, Geschichtsbüchern und Filmen kennt. Aber wenn eine Stadt von keinem Künstler verwendet wurde, leben nicht einmal die Einwohner in ihrer Phantasie dort. Was ist Glasgow für die meisten von uns? Eine Wohnung, der Arbeitsplatz, ein Fußballstadion oder ein Golfplatz, ein paar Kneipen und einige miteinander verbundene Straßen. Das ist alles. Nein, ich täusche mich, da gibt's noch das Kino und die Bücherei. Und wenn unsere Phantasie Übung braucht, benutzen wir das Kino und die Bücherei, um London, Paris, Rom unter den Cäsaren, den amerikanischen Westen zur Jahrhundertwende zu besuchen – alles, nur das nicht, was wir hier und jetzt finden. Für die Phantasie existiert Glasgow in Form eines Music-Hall-Liedes und ein paar schlechter Romane. Das ist alles, was wir uns selbst gegeben haben.»

«Ich dachte, wir hätten noch andere Dinge exportiert – Schiffe und Maschinen zum Beispiel.»

«O ja, wir waren mal die führenden Hersteller der Welt, was mehrere nützliche Dinge betrifft. Als das Jahrhundert begann, hatten wir in den Vereinigten Staaten von Britannien die bestorganisierte Arbeiterschaft. Und wir hatten John McLean, den einzigen schottischen Lehrer, der seinen Schülern erklärte, was mit ihnen angestellt wurde. Er organisierte hier, an der Clydeside, den Mietstreik der Hausfrauen, der die Regierung dazu brachte, den Hauseigentümern im Ersten Weltkrieg zusätzliches Geld zu verwehren. Das ist mehr, als die meisten Premierminister geschafft haben. Lenin glaubte, die britische Revolution würde in Glasgow anfangen. Das geschah nicht. Während des Generalstreiks wehte eine rote Fahne drüben auf dem Rathaus, eine Menschenmenge ließ eine Straßenbahn entgleisen, die Armee entsandte Panzer an den George Square – aber niemandem wurde sehr weh getan. Niemand wurde umgebracht, außer durch schlechten Lohn, schlechte Behausung und schlechte Ernährung. McLean wurde

was killed by bad housing and bad feeding, in Barlinnie Jail. So in the thirties, with a quarter of the male workforce unemployed here, the only violent men were Protestant and Catholic gangs who slashed each other with razors. Well, it is easier to fight your neighbours than fight a bad government. And it gave excitement to hopeless lives, before World War Two started. So Glasgow never got into the history books, except as a statistic, and if it vanished tomorrow our output of ships and carpets and lavatory pans would be replaced in months by grateful men working overtime in England, Germany and Japan. Of course our industries still keep nearly half of Scotland living round here. They let us exist. But who, nowadays, is glad just to exist?'

Irvine Welsh: Stranded in Glasgow's West End

Ah left the flat and bounced, yes bounced down the Great Western Road. Lloyd Buist, ah keep telling myself. It seemed important to remember. Leith. A party refugee. The most oppressed kind. Fight for the right to party; fuck diverting your energies into frivolous nonsense like food and jobs and the likes. Boring, boring fuckin boring. Party refugee Lloyd, stranded in Glasgow's West End. Ah was lost in France, in love. Naw naw ya daft cunt. You are just on a simple message. A simple fuckin message.

– Awright, big man!

Two young guys are beside me, breathing heavily

durch schlechte Behausung und Ernährung im Gefängnis Barlinnie umgebracht. Und in den dreißiger Jahren, als ein Viertel der männlichen Arbeitskräfte erwerbslos war, waren die einzigen Gewalttäter protestantische und katholische Banden, die mit Rasiermessern auf einander losgingen. Na ja, es war leichter, gegen Nachbarn zu kämpfen als gegen eine schlechte Regierung. Und es brachte Abwechslung in ein trostloses Leben, bevor der Zweite Weltkrieg begann. So geriet Glasgow nie in die Geschichtsbücher, außer als statistische Ziffer, und wenn es morgen verschwinden würde, würde unser Ausstoß an Schiffen und Teppichen und Klosettschüsseln in ein paar Monaten von dankbaren Männern ersetzt werden, die dann in England, Deutschland oder Japan Überstunden machen. Natürlich ernährt unsere Industrie hier in der Gegend immer noch fast halb Schottland. Sie lassen uns existieren. Aber wer ist heutzutage zufrieden damit, bloß zu existieren?»

Irvine Welsh: Gestrandet in Glasgows West End

Ich verließ die Wohnung und titschte, ja, titschte die Great Western Road runter. Lloyd Buist, sagte ich mir vor. Schien mir wichtig, das nicht zu vergessen. Leith. Ein Party-Flüchtling. Von der am schlimmsten unterdrückten Sorte. *Fight for the right to party*; Blödsinn, seine Energien für überflüssigen Nonsens wie Essen und Arbeit oder sowas zu verschwenden. Langweilig, langweilig, scheißlangweilig. Party-Flüchtling Lloyd, gestrandet in Glasgows West End. *Ah was lost in France, in love*. Nee, nee, du blöder Sack. Du gehst bloß ne simple Besorgung machen, ne simple Besorgung …

– Hallo, Chef!

Zwei junge Typen sind neben mir, sie atmen schwer und

and looking around, not meeting my eyes as they swivel their heads. It's these boys … Robert and Richard, from that Maryhill posse. Ah keep running into these boys, at the Metro, the Forum, Rezurrection, The Pure, The Arches, The Sub Club … big Slam punters, naw Terry n Jason … Industria … Awright, boys!

Their faces look distorted, and they are already moving away from me with great haste.

– Sorry, big man, cannae stoap, wi did a wee dine and dash … yuv goat tae fir fuck sake, know ah mean, big man … ah mean ye cannae gie up the clubbin n that jist tae eat … Robert gasps out running backwards like a referee. That's a good skill.

– That's it, boys! That's fuckin right! Good skills, Roberto! Good skills, Roberto my son! Ah shout encouragingly as they bomb off down the road. Ah turn around and this huge juggernaut is bearing down on me and ah tense up ready cause this mad cunt is gaunnae swing for me, going to attack the innocent Lloyd of Leith displaced person unaccustomed to your Weedgie ways but naw he's off doon the road in hot pursuit of Richard and Robert who are heading towards the Underground at Kelvin Bridge and the bloated alcoholic will never capture the younger fitter men because their bodies are honed by dance and Ecstasy; these boys are as fit as fuck and the more weighty, beefy fellow (he's not that fat) realises this and gives up. Our heroes escape, leaving their breathless pursuer panting heavily with his hands on his hips.

I'm laughing. The boy's coming ower tae me but ah cannae stop. Flight Lieutenant Biggles is the name. – Where dae these cunts stay! he sort ay

gucken sich um, ohne mich richtig anzusehen, während sie ihre Köpfe drehen. Es sind diese Jungs … Robert und Richard, von der Maryhill-Posse. Ständig begegne ich denen, im Metro, im Forum, Rezurrection, The Pure, The Arches, The Sub Club … große Slam-Gänger, nee, Terry und Jason … Industria… – Hallo, Jungs!

Ihre Gesichter sind verzerrt, und sie entfernen sich schon wieder mit großer Eile von mir.

– Sorry, Chef, keine Zeit, wir haben Fressen und Flitzen gespielt … Scheiße, muss man auch, verstehst du, Bruder … ich meine, man kann ja nicht das Clubbing aufgeben, bloß damit man essen kann … schnauft Robert, während er wie ein Schiedsrichter rückwärts läuft. Das nenne ich gute Technik.

– Genau, Jungs! Ist verdammt richtig! Gute Technik, Roberto! Gute Technik, Roberto, mein Sohn! brülle ich anfeuernd hinterher, als sie die Straße runterrasen. Ich dreh mich um, und dieser riesige Kleiderschrank geht auf mich los, und ich wappne mich, denn der irre Scheißer will nach mir schlagen, will den harmlosen Lloyd aus Leith angreifen, den armen Zwangsvertriebenen, dem die Bräuche von euch Glasgowern fremd sind, aber nein, er ist auf und davon die Straße runter, Richard und Robert dicht auf den Fersen, die zur U-Bahn-Station Kelvin Bridge rennen, und dieser aufgedunsene Alkoholiker wird die jüngeren, sportlicheren Jungs nie einholen, denn ihre Körper sind gestählt von Tanz und Ecstasy; diese Jungs starten durch wie der Blitz, und der schwerere, fleischige Kollege (ganz so fett ist er auch wieder nicht) begreift das und gibt auf. Unsere Helden entkommen und lassen ihren atemlosen Verfolger, der sich die Seiten hält, heftig schnaufend zurück.

Ich lache. Der Knabe kommt zu mir rüber, aber ich kann nicht aufhören. Gestatten, mein Name ist Lachsack. – Wo find ich die Wichser?! japst und schnauft er irgendwie raus.

gasps and snaps. It's like Lloyd of Leith, a good boy, a decent, hardworking Edinburgh merchant-school lad who plays squash and loves nothing better than attending big rugby internationals at Murrayfield is being lumped alongside Ricardo and Roberto, two schemies from a Weedgie slum.

This is a bit like being accused of shagging the sister ah don't have.

– Eh? Ah think ah manage tae cough out.

– These cunts are your fucking mates. Where dae they fuckin stay?

– Fuck off, ah say, turning away. Then ah feel him airm on my shooder. He's gaunnae hit ays. No. He's no gaunnae let ays go. That is worse. Violence in the form of blows ah can take, but the idea of being constrained, no fuckin way … ah punch him, in the chest, what a place to punch any cunt, but ah didnae want to really punch him, just get him tae let go, and that's nae good cause as any wideo will tell you, you either punch some cunt or you dinnae and silly wee halfway-house slaps and pushes just make you look a cunt so ah start *really* punching the boy but it feels like I'm punching a mattress and he's shouting: – Phone the polis! Phone the polis! This man's ran out of my restaurant without paying, and I'm screaming: – Lit go ya cunt it wisnae fuckin me, and punching at the cunt but ah feel like rubber and I'm out of breath and he keeps a grip, his face aw screwed up and determined through its fear and apprehension

and

and a polisman is beside us. He's pulled us apart.

– What's this? he asks.

Als könnte man Lloyd aus Leith, einen guten Jungen, einen braven, hart arbeitenden Handelsschüler aus Edinburgh, der Squash spielt und nichts mehr liebt, als großen Rugbyereignissen im Murrayfield beizuwohnen, in einen Sack stecken mit Ricardo und Roberto, zwei Sozialghettoheinis aus nem Glasgower Slum.

Ist ja fast so wie beschuldigt zu werden, ne Schwester zu ficken, die ich gar nicht hab.

– Hä? kann ich grad noch husten.

– Die Wichser da sind doch deine beschissenen Kumpels. Wo find ich die, verdammt nochmal?

– Verpiss dich, sage ich und will gehen. Dann spür ich seinen Arm auf meiner Schulter. Der will mich hauen. Nein. Der will mich festhalten. Gewalt in Form von Prügeln kann ich wegstecken, aber der Gedanke, meiner Freiheit beraubt zu werden, nicht mit mir ... ich schlage ihn, vor die Brust, was für eine Stelle, um so ne Fotze zu schlagen, aber ich will ihn ja nicht richtig schlagen, ich will nur, dass er loslässt, und grade das ist falsch, denn jeder Penner kann einem sagen, dass man ne Fotze entweder richtig haut oder gar nicht, und dass man mit blöden, schlappen, halbherzigen Klapsen und Schubsern wie n Idiot aussieht, also fang ich an, den Knaben richtig zu schlagen, aber das fühlt sich an, als schlüge ich ne Matratze, und er brüllt: – Ruft die Polizei! Ruft die Polizei! Dieser Mann ist ohne zu zahlen aus meinem Restaurant geflohen, und ich brülle: – Lass mich los, du Fotze, das war ich nicht, verflucht, und schlag nach dem Sack, aber ich fühl mich wie Wackelpudding und bin außer Atem, und er hält fest, das Gesicht vor lauter Angst und Sorge ganz verkniffen und entschlossen

und

und es steht ein Polizist neben uns. Er zerrt uns auseinander.

– Was ist hier los? fragt er.

Ah've got four trips in my flannels. My poakits. The wee poakit, the compartment. Ah feel them. The cunt is saying: – This guy's mates ran up a food and drinks bill for nearly a hundred and twenty pound and then did a runner! I'm fishing out those wee squares of impregnated paper.

– This true? the polisman turned tae me and asked.

– How the fuck dae ah ken, eh, ah mean, ah jist sees they two guys runnin doon the road. Ah recognised one ay them vaguely fae the Sub Club so ah jist lets ontae the boy. Then this cunt here, ah nods at the restaurateur, – he's eftir the two boys. Then he comes back and grabs a hud ay me.

The polisman turns back tae the restaurateur. Ah get the trips between my forefinger and thumb and ah swallow the lot, silly fuckin cunt; ah could have left them, the polis would never find them wouldnae search me anywey I've done nowt wrong but ah swallowed the fuckin lot when ah could've even fuckin flung them away. No thinkin straight …

They called the child Lloyd Beattie
the cunt grew up a right wee sweetie

Lloyd One calling Lloyd Two, can you hear me Lloyd Two? Can you hear me Lloyd Two? Can you hear?

am I floating

The beefy bastard is not amused. – These cunts robbed me! Ah'm strugglin tae make this business pay n they fuckin wee toerags …

A few people had stopped to witness the commotion. Ah became aware of them for the first time when a woman whae'd been watchin us said: – You jist grabbed that laddie! Jist grabbed um! It wisnae anything tae dae wi the laddie …

Ich hab vier Trips in meiner Hose. Meinen Taschen. In der kleinen Tasche, meiner Uhrtasche. Ich kann sie spüren. Die Fotze sagt: – Die Kollegen von dem Typ hier haben ne Rechnung für Speisen und Getränke für fast hundertzwanzig Pfund gemacht und sind dann geflitzt! Ich fische die kleinen präparierten Löschpapierquadrate raus.

– Stimmt das? fragte der Polizist zu mir gewandt.

Woher zum Teufel soll ich das wissen, hä? Ich meine, ich hab die zwei Typen nur die Straße langlaufen sehen. Ich denk, den einen kennst du aus dem Sub Club, also quatsch ich ihn an. Und dann der Arsch hier, ich nicke in Richtung Gastwirt, – hinter den Jungs her. Dann kommt er zurück und vergreift sich an mir.

Der Polizist wendet sich wieder an den Gastwirt. Ich krieg die Trips zwischen Zeigefinger und Daumen und schlucke alle, ich saubescheuerter Arsch; ich hätt sie behalten können, die Bullen hätten sie nie gefunden, die hätten mich garnicht durchsucht, ich hab nichts angestellt, aber ich hab die ganze verfickte Ladung genommen, obwohl ich sie auch einfach hätte wegschnipsen können.

Lloyd Beatty ward getauft ihr Schatz
ach, war der Arsch ein süßer Fratz

Lloyd Eins ruft Lloyd Zwei, hörst du mich, Lloyd Zwei?
Hörst du mich, Lloyd Zwei? Hörst du

Mann, fliege ich ab

Der Kleiderschrank ist nicht begeistert. – Die Ratten haben mich bestohlen! Da rackert man sich ab, damit der Laden läuft, und so n paar miese Hosenscheißer …

Ein paar Leute sind stehengeblieben, um sich das Spektakel anzusehen. Ich bekam es erst mit, als eine Frau, die uns beobachtet hatte, sagte: – Bist einfach auf den Kleinen losgegangen! Einfach auf ihn losgegangen! Dabei hat der Kleine nichts getan …

– That's right, ah said, nodding at the cop.
– This true? asked the polisman.
– Aye, ah suppose, says the beefy restaurateur, looking aw fuckin sheepish as well he might because he tampered unjustly with one Lloyd Buist from Leith who is a waster and has set himself up in opposition to the fascist British state but who now to his extreme embarrassment finds one of its law enforcement officers taking his side and ticking off the capitalist businessman who tried to apprehend said Leith man.

Lewis Grassic Gibbon: The Granite City

Bleakness, not meanness or jollity, is the keynote to Aberdonian character, not so much lack of the graces or graciousness of existence as lack of colour in either of these. And this is almost inevitable for anyone passing his nights and days in The Silver City by the Sea. It is comparable to passing one's existence in a refrigerator. Aberdeen is built, largely and incredibly, of one of the most enduring and indestructible and appalling building-materials in use on our planet – grey granite.

It has a flinty shine when new – a grey glimmer like a morning North Sea, a cold steeliness that chills the heart. Even with weathering it acquires no gracious softness, it is merely starkly grim and uncompromising. The architect may plan and build as he will with this material – with its variant, white granite, he may rear the curvetting spires and swooping curlecues and looping whirlimagigs of

– Das stimmt, bestätigte ich dem Polypen.

– Ist das wahr? fragte der Polizist.

– Naja, wär möglich, sagt der aufgedunsene Gastwirt und guckt blöd aus der Wäsche, soll er doch, schließlich hat er sich unrechtmäßigerweise an nem gewissen Lloyd Buist aus Leith vergriffen, der ein Nichtsnutz ist und in scharfer Opposition zum faschistischen englischen Staat steht, jetzt aber zu seiner größten Beschämung erlebt, dass ein Büttel des Systems auf seiner Seite ist und einem kapitalistischen Unternehmer, der besagten Leith-Mann zu stellen versuchte, einen Rüffel erteilt.

Lewis Grassic Gibbon: Die Stadt aus Granit

Aberdeen ist im Grunde nicht ungepflegt, aber auch nicht heiter, sondern einfach düster; es fehlt ihm nicht an Stil und Lebensart, aber beidem mangelt es an Farbe. Das kann einem kaum entgehen, wenn man seine Nächte und Tage in der «silbernen Stadt am Meer» verbringt. Es ist so, als verbrächte man sein Leben in einem Kühlschrank. Man kann es kaum glauben, aber Aberdeen ist größtenteils aus einem der haltbarsten, härtesten und häßlichsten Materialien erbaut, die wir auf unserem Planeten verwenden – aus grauem Granit.

Wenn dieser Stein jung ist, hat er einen harten Glanz, einen grauen Schimmer wie die Nordsee am Morgen, eine stählerne Kälte, die einem das Herz gefrieren lässt. Aber auch durch Verwitterung erhält er keine milde Schönheit, er wirkt dann einfach finster und abweisend. Ein Architekt kann mit diesem Material planen und bauen, wie er will – und mit der anderen Spielart, dem weißen Granit, kann er sogar die gedrechselten Türmchen und schwungvollen Rosetten und gewundenen Spiralen des Marischal College erschaffen –

Marischal College – and not escape that sense of one calamitously in jail. Not only are there no furbelows possible in this architecture, there is amid it, continually, the uneasy sense that you may not rest here, you may not lounge, you cannot stand still and watch the world go by. …

James Boswell: A Highland Dwelling

It was a delightful day. Lochness, and the road upon the side of it, shaded with birch trees, and the hills above it, pleased us much. The scene was as sequestered and agreeably wild as could be desired, and for a time engrossed all our attention.

To see Dr. Johnson in any new situation is always an interesting object to me; and, as I saw him now for the first time on horseback, jaunting about at his ease in quest of pleasure and novelty, the very different occupation of his former laborious life, his admirable productions, his *London*, his *Rambler*, &c. &c. immediately presented themselves to my mind, and the contrast made a strong impression on my imagination.

When we had advanced a good way by the side of Lochness, I perceived a little hut, with an old-looking woman at the door of it. I thought here might be a scene that would amuse Dr. Johnson; so I mentioned it to him. 'Let's go in,' said he. We dismounted, and we and our guides entered the hut. It was a wretched little hovel of earth only, I think, and for a window had only a small hole, which was stopped with a piece of turf, that was taken out occasionally to let in light. In the middle of the room or space which we entered, was a fire of peat, the smoke going out at a hole in

man wird doch das Gefühl nicht los, unglücklich in einem Gefängnis zu sitzen. Nicht nur gibt es bei diesen Bauten keinen Schnickschnack, man wird in ihrer Mitte das unangenehme Gefühl nicht los, dass man hier nicht verweilen und untätig sein darf, dass man nicht einfach dastehen und die Welt an sich vorüberziehen lassen kann.

James Boswell: Eine Behausung in den Highlands

Es war ein wunderschöner Tag. Loch Ness, die von Birken gesäumte schattige Uferstraße und die aufragenden Berge erfreuten uns sehr. Die Landschaft war so einsam und auf angenehme Weise wild, wie man es sich nur wünschen konnte, und eine Zeitlang nahm sie uns gefangen.

Ich finde es immer sehr aufschlussreich, Dr. Johnson in einer für ihn neuen Lage zu beobachten; und wie ich ihn nun zum ersten Mal auf dem Rücken eines Pferdes sah, gemächlich dahintrottend auf der Suche nach Angenehmem und Neuem, da fielen mir sogleich die so ganz anderen Beschäftigungen aus seinem früheren, geschäftigen Leben ein, sein Gedicht «London», sein «Rambler» usw., und dieser Gegensatz gab mir viel zu denken.

Als wir eine gute Strecke am Ufer des Loch Ness zurückgelegt hatten, erblickte ich eine kleine Hütte, in deren Tür eine alt aussehende Frau stand. Dies könnte ein Anblick sein, dachte ich, der Dr. Johnson gefallen wird, und ich sprach ihn darauf an. «Lassen Sie uns hineingehen», sagte er. Wir stiegen ab und betraten mit unseren Führern die Hütte. Ich erinnere mich, dass es eine schlichte Lehmhütte war, und als Fenster gab es nur ein mit einem Erdklumpen verstopftes Loch, das ab und zu geöffnet wurde, um Licht herein zu lassen. In der Mitte des Raumes, den wir betraten, brannte ein Torffeuer, dessen Rauch durch ein Loch im Dach abzog.

the roof. She had a pot upon it, with goat's flesh, boiling. There was at one end under the same roof, but divided by a kind of partition made of wattles, a pen or fold in which we saw a good many kids.

Dr. Johnson was curious to know where she slept. I asked one of the guides, who questioned her in Erse. She answered with a tone of emotion, saying, (as he told us,) she was afraid we wanted to go to bed to her. This *coquetry*, or whatever it may be called, of so wretched a being, was truly ludicrous. Dr. Johnson and I afterwards were merry upon it. I said, it was he who alarmed the poor woman's virtue. – 'No, sir, (said he,) she'll say, 'there came a wicked young fellow, a wild dog, who I believe would have ravished me, had there not been with him a grave old gentleman, who repressed him: but when he gets out of the sight of his tutor, I'll warrant you he'll spare no woman he meets, young or old.' – 'No, sir, (I replied,) she'll say, 'There was a terrible ruffian who would have forced me, had it not been for a civil decent young man who, I take it, was an angel sent from heaven to protect me.'

Dr. Johnson would not hurt her delicacy, by insisting on 'seeing her bed-chamber,' like *Archer* in the *Beaux' Stratagem*. But my curiosity was more ardent; I lighted a piece of paper, and went into the place where the bed was. There was a little partition of wicker, rather more neatly done than that for the fold, and close by the wall was a kind of bedstead of wood with heath upon it by way of bed; at the foot of which I saw some sort of blankets or covering rolled up in a heap. The woman's name was Fraser; so was her husband's. He was a man of eighty. Mr. Fraser of Balnain allows him to live in this hut, and

Darauf stand ein Topf, in dem sie Ziegenfleisch garte. Unter demselben Dach gab es etwas entfernt und durch eine Wand aus geflochtenen Zweigen abgetrennt einen Stall, in dem wir zahlreiche Zicklein sahen.

Dr. Johnson wollte wissen, wo sie schlafe. Ich erkundigte mich bei einem der Führer, der sie auf Gälisch befragte. Darauf antwortete sie mit erregter Stimme und sagte (wie er uns mitteilte), sie befürchte, dass wir mit ihr ins Bett gehen wollten. Diese Koketterie (oder wie man es sonst nennen soll) eines so erbärmlichen Wesens war einfach lächerlich. Dr. Johnson und ich machten uns später darüber lustig. Ich sagte, er sei es gewesen, der diese tugendhafte Frau in Schrekken versetzt habe. «Nein, Sir», erwiderte er, «sie wird sagen: ‹Da kam so ein junger Schlingel, ein Tunichtgut, der mich ganz gewiss geschändet hätte, wäre da nicht ein gesetzter älterer Herr bei ihm gewesen, der ihn zurückhielt. Aber ich wette, wenn er sich den Blicken seines Hauslehrers entziehen kann, verschont er keine Frau, ob jung oder alt.›» – «Nein, Sir», versetzte ich, «sie wird sagen: ‹Da war so ein alter Schurke, der mir Gewalt angetan hätte, wäre da nicht ein höflicher, anständiger junger Mann gewesen, den mir, wie ich glaube, der Himmel als Schutzengel geschickt hat.›»

Anders als Archer in «The Beaux' Stratagem» bestand Dr. Johnson nicht weiter darauf, «ihr Schlafgemach zu sehen», um ihre Gefühle nicht zu verletzen, aber meine Neugierde war größer. Ich zündete ein Stück Papier an und ging dorthin, wo ihr Bett stand. Da war eine kleine Trennwand aus Weidengeflecht, feiner gearbeitet als die am Stall, und dicht an der Wand befand sich eine Art hölzernes Bettgestell, auf dem als Matratze Heidekraut lag und an dessen Ende ich so etwas wie Decken oder Laken zusammengerollt auf einem Haufen sah. Der Name der Frau ebenso wie der ihres Mannes war Fraser. Er war ein Mann von achtzig. Mr. Fraser von Balnain gestattet ihm, in dieser Hütte zu wohnen und

keep goats, for taking care of his woods, where he then was. They had five children, the eldest only thirteen. Two were gone to Inverness to buy meal; the rest were looking after the goats. This contented family had four stacks for barley, twenty-four sheaves in each. They had a few fowls. We were informed that they lived all the spring without meal, upon milk and curds and whey alone. What they get for their goats, kids, and fowls, maintains them during the rest of the year.

She asked us to sit down and take a dram. I saw one chair. She said she was as happy as any woman in Scotland. She could hardly speak any English except a few detached words. Dr. Johnson was pleased at seeing, for the first time, such a state of human life. She asked for snuff. It is her luxury, and she uses a great deal. We had none, but gave her sixpence a piece. She then brought out her whisky bottle. I tasted it; as did Joseph and our guides: so I gave her sixpence more. She sent us away with many prayers in Erse.

Dorothy Wordsworth: Highland Hospitality

When beginning to descend the hill towards Loch Lomond we overtook two girls, who told us we could not cross the ferry till evening, for the boat was gone with a number of people to Church. One of the girls was exceedingly beautiful; and the figures of both of them, in grey plaids falling to their feet, their faces only being uncovered, excited our attention before we spoke to them: but they an-

sechzig Ziegen zu halten, dafür dass er sich um seine Wälder, wo er sich gerade aufhielt, kümmert. Sie hatten fünf Kinder, von denen das älteste erst dreizehn war. Zwei waren nach Inverness gegangen, um Mehl zu kaufen, die anderen hüteten die Ziegen. Diese zufriedene Familie besaß vier Schober zu je vierundzwanzig Fuder Gerste. Sie hielten auch einige Hühner. Man sagte uns, während des Frühjahrs ernährten sie sich allein von Milch, Quark und Molke, ganz ohne Mehl. Das übrige Jahr leben sie vom Erlös für ihre Ziegen, Zicklein und Hühner.

Sie lud uns ein, uns zu setzen und ein Gläschen zu trinken. Ich konnte nur einen Stuhl entdecken. Sie sei so zufrieden wie jede andere Frau in Schottland, sagte sie. Außer ein paar Brocken sprach sie kaum Englisch. Dr. Johnson war erfreut, zum ersten Mal jemanden zu sehen, der so lebte. Sie bat um Schnupftabak. Dies ist ihr einziger Luxus, aber sie verbraucht viel davon. Da wir keinen bei uns hatten, gaben wir ihr jeder Sixpence. Dann holte sie ihre Whiskyflasche hervor. Ich kostete davon, ebenso wie Joseph und unsere Führer, und gab ihr dann noch einmal Sixpence. Sie verabschiedete uns mit vielen Gebeten in Gälisch.

Dorothy Wordsworth: Gastfreundschaft im Hochland

Als wir den Abstieg vom Berg zum Loch Lomond antraten, überholten wir zwei Mädchen, die uns sagten, wir könnten erst am Abend mit der Fähre übersetzen, da das Boot mit einigen Personen zur Kirche gefahren sei. Eins der Mädchen war überaus hübsch, und die Gestalten der beiden, die in grauen, bis zu den Füßen reichenden Wollstoff gehüllt waren, der nur ihre Gesichter frei ließ, erregten schon unsere Aufmerksamkeit, bevor wir mit ihnen sprachen. Sie antworteten

swered us so sweetly that we were quite delighted. At the same time they stared at us with an innocent look of wonder. I think I never heard the English language sound more sweetly than from the mouth of the elder of these girls, while she stood at the gate answering our inquiries, her face flushed with the rain; her pronunciation was clear and distinct, without difficulty, yet slow, like that of a foreign speech ... We were glad to be housed, with our feet on a warm hearth-stone: and our attendants were so active and good-humoured, that it was pleasant to have to desire them to do anything. The younger was a delicate and unhealthy-looking girl: but there was an uncommon meekness in her countenance, with an air of premature intelligence, which is often seen in sickly young persons. The other moved with unusual activity, which was hastened very delicately by a certain hesitation in her looks when she spoke, being able to understand us but imperfectly. They were both exceedingly desirous to get me what I wanted to make me comfortable. I was to have a gown and petticoat of the mistress's: so they turned out her whole wardrobe upon the parlour floor talking Erse to one another and laughing all the time. It was long before they could decide which of the gowns I was to have: they chose at last, no doubt thinking it was the best, a light-coloured sprigged cotton, with long sleeves, and they both laughed when I was putting it on with the blue linsey petticoat; and one or the other, or both together, helped me to dress, repeating at least half a dozen times, 'You never had on the like of that before.' They held a consultation of several minutes over a pair of coarse woollen stockings, gabbling Erse as fast as

uns so anmutig, dass wir ganz entzückt waren. Gleichzeitig sahen sie uns unverwandt mit einem kindlich staunenden Blick an. Ich glaube, ich habe die englische Sprache nie lieblicher klingen gehört als aus dem Munde des älteren der beiden Mädchen, während sie am Tor stand und unsere Fragen beantwortete, ihr Gesicht vom Regen gerötet. Ihre Aussprache war klar, deutlich und mühelos, dabei aber so langsam, als spräche sie eine fremde Sprache … Wir waren froh, ein Dach über dem Kopf zu haben und unsere Füße auf den warmen Stein am Kamin zu stellen, und unsere Helferinnen waren so rührig und geduldig, dass es eine Freude war, sie um einen Gefallen zu bitten. Die jüngere war ein zierliches, ungesund aussehendes Mädchen, und in ihrem Gesicht war etwas ungewöhnlich Scheues mit einem Anflug von frühreifer Intelligenz, wie man sie bei kränklichen jungen Menschen oft findet. Die andere bewegte sich mit bemerkenswertem Eifer, welcher noch verstärkt wurde durch ein gewisses Zögern, das sich jedesmal in ihrem Gesicht zeigte, wenn sie sprach, denn sie verstand uns nicht sehr gut. Sie waren beide ganz darauf bedacht, es mir bequem zu machen und mir alles zu bringen, was ich wünschte. Ich sollte ein Kleid und einen Unterrock der Hausfrau erhalten, und so breiteten sie deren gesamte Garderobe auf dem Stubenboden aus, wobei sie miteinander Gälisch sprachen und fortwährend kicherten. Es dauerte lange, bevor sie sich entscheiden konnten, welches der Kleider ich anziehen sollte. Schließlich wählten sie eins aus, das sie sicher für das beste hielten, aus heller geblümter Baumwolle mit langen Ärmeln, und beide kicherten, während ich es mit dem blauen Unterrock anzog, und mal half mir die eine, mal die andere und mal beide zusammen beim Ankleiden, wobei sie mindestens ein halbes Dutzend Mal wiederholten: «So eins haben Sie sicher noch nie angehabt.» Sie berieten sich mehrere Minuten lang wegen eines Paars grober Wollstrümpfe, wobei sie so schnell auf Gälisch

their tongues could move, and looking as if uncertain what to do: at last, with great diffidence they offered them to me adding, as before, that I have never worn 'the like of them.'

The hospitality we had met on this our first entrance into the Highlands and on this day, the innocent merriment of the girls with their kindness to us, and the beautiful figure and face of the elder, comes to my mind whenever I think of the ferry house and waterfall of Loch Lomond, and I never think of the two girls but the whole image of that romantic spot is before me, a living image, as it will be to my dying day.

Robin Jenkins: Kirstie's Funeral

We did not deliberately plan, Mairi, Dugald, and I, a small private funeral: we just took it for granted that in this, as in everything else for the past ten years, we would be left to get on with it ourselves. With us independence had long since passed from a principle into a habit.

To satisfy the law, a doctor was needed to certify death. One was summoned with great difficulty. He came next day, Sunday, grumbling at having had to walk for miles in pouring rain. He asked for a dram before he as much as glanced at Kirstie in the bed.

That Sunday was a long wet dreich sad day.

The doctor was a cheerful, white-haired old man, semi-retired. 'Must have been her heart,' he said, as he signed. 'Famous for her strength, wasn't she? Often happens. Knew a caber-tosser once.

plapperten, wie es ihre Zungen zuließen, und dabei unschlüssig schienen, was sie tun sollten, bis sie sie mir schließlich sehr verschämt anboten und wie schon zuvor hinzufügen, «so etwas» hätte ich sicher noch nie angehabt.

Die Gastfreundschaft, die wir bei diesem unserem ersten Besuch in den Highlands und an diesem Tag erfahren haben, die unschuldige Heiterkeit der Mädchen, die so freundlich zu uns waren, und die hübsche Gestalt und das Gesicht der Älteren fallen mir jedesmal ein, wenn ich mich an das Fährhaus und den Wasserfall am Loch Lomond erinnere, und wenn ich an die beiden Mädchen denke, dann sehe ich immer das ganze Bild dieses romantischen Ortes vor mir, und so wird es bleiben bis an mein Ende.

Robin Jenkins: Wie Kirstie beerdigt wurde

Wir hatten das nicht so geplant, Mairi, Dugald und ich, diese kleine private Beisetzung; wir haben einfach angenommen, dass wir es, wie alles in den letzten zehn Jahren, auch würden allein regeln müssen. Unabhängigkeit war für uns längst von einem Prinzip zu einer Gewohnheit geworden.

Um dem Gesetz Genüge zu tun, musste ein Doktor her, um den Totenschein auszustellen. Mit Mühe wurde einer herbeigerufen. Er kam am nächsten Tag, einem Sonntag, und schimpfte, weil er meilenweit bei strömendem Regen hatte laufen müssen. Er bat um einen Schluck Whisky, ehe er auch nur einen Blick auf Kirstie in ihrem Bett warf.

Dieser Sonntag war ein langer nasser stumpfer trauriger Tag.

Der Doktor war ein vergnügter weißhaariger alter Mann, schon halb im Ruhestand. «War wohl ihr Herz», sagte er, als er unterschrieb. «War berühmt wegen ihrer Kraft, nicht wahr? Kommt öfters vor. Kannte mal einen Baumstamm-

Legs like cabers. One day there he was tossing away among the best down at the Cowal Games, and two days later he was gone. Went out like that.' He snapped his fingers. 'Bonny woman too,' he added, with a last look at Kirstie. 'I didn't know that. Well, I'll let Donald McVicar the undertaker know and he'll either come out himself or more likely send somebody for like me he's a bit shaky on the pins for a brute of a walk like that.'

'There will be no need for Mr McVicar's services,' I said. 'We shall manage.'

He had been giving me some odd looks. I was dressed in my best kilt and jacket, and was wearing my MC ribbon and medal. I felt that Kirstie would have wanted me to.

'Suit yourselves,' he said, giving me the oddest look yet. 'Like everybody else Donald's always on the look-out for business, but he might not be sorry to miss this one, on the edge of the civilised world. Were you thinking of making a coffin out of driftwood?'

'Why not?' I said. 'She gathered a lot of it in her lifetime.'

Mairi took me aside. 'I should have told you this before, Fergus,' she whispered. 'Kirstie mentioned once before that she would like a nice coffin. I doubt if you and Dugald could make one out of driftwood that would have pleased her.'

John Lamont, expert carpenter, could have, I almost said. What I did say, humbly, was: 'I'd like her to have what she wanted.'

'She also wanted a minister to take the service at the graveside.'

werfer. Beine wie Baumstämme. Am einen Tag maß er sich noch mit den besten im Stämmewerfen, drunten bei den Spielen von Cowal, und zwei Tage später war er nicht mehr. Einfach so.» Und er schnipste mit den Fingern. «Hübsche Frau», fügte er hinzu, als er Kirstie einen letzten Blick zuwarf. «Wusste ich garnicht. Na, ich werde Donald McVicar, dem Leichenbestatter, Bescheid sagen, und entweder kommt er dann selbst oder er schickt jemanden, was wahrscheinlicher ist, denn er ist ein bisschen zu wackelig auf den Beinen für so einen tierischen Marsch.»

«Mr. McVicars Dienste werden nicht nötig sein», sagte ich. «Wir kommen allein zurecht.»

Er hatte mir schon vorher ein paar komische Blicke zugeworfen. Ich trug meinen besten Kilt mit Jacke und dazu meinen Kriegsorden am Band. Kirstie hätte das sicherlich so gewollt.

«Wie ihr meint», sagte er und warf mir einen besonders komischen Blick zu. «Donald sieht sich immer um, wo er was verdienen kann, wie wir alle, aber vielleicht ist er ganz froh, wenn ihm dieses Geschäft entgeht, so weit draußen am Rande der Welt. Hast du vor, einen Sarg aus Treibholz zu machen?»

«Warum nicht?» sagte ich. «Sie hat im Lauf der Jahre ne Menge davon gesammelt.»

Mairi zog mich beiseite. «Ich hätte dir das schon früher sagen sollen, Fergus», flüsterte sie. «Kirstie hat mal gesagt, dass sie gerne einen hübschen Sarg hätte. Ich glaube nicht, dass du und Dugald einen aus Treibholz machen könnt, der ihr gefallen hätte.»

Fast hätte ich geantwortet, John Lamont, dieser geschickte Zimmermann, hätte das gekonnt. Statt dessen sagte ich bescheiden: «Sie soll bekommen, was sie gerne gehabt hätte.»

«Außerdem wollte sie, dass sie von einem Pastor zu Grabe getragen wird.»

'That,' interposed the doctor, cheerfully, 'might not be so easy. I doubt if there is a man of God throughout the islands willing to stand up in public and send her off into eternity with his and the Lord's blessing. I mean, she wasn't married to you, was she? I understand you've got a wife living somewhere. No business of mine, but then I'm not a man of God.'

'I've been a bit worried about that,' said Mairi.

I had forgotten that, since Kirstie had been living with me in what the ministers would call a state of adultery – they would hardly think her death an occasion for forgiveness.

'Bastards,' I said, bitterly.

'Well no,' said the doctor, reasonably. 'You really can't blame them. You broke their rules. So did she. If one of them was to let a fit of pure Christianity get the better of him the Lord might be pleased, but I'm damned sure his congregation and colleagues wouldn't.'

'You'd have thought,' said Mairi, with a sigh, 'that the War would have made us all a bit more tolerant.'

The doctor poured himself another dram. 'Ah, you're presupposing, Mrs McLeod, that tolerance is in itself a good thing. Not may people really believe that. Most of us are prepared to tolerate only what we understand and approve of.'

I walked with him most of the way to the road-end where his motor-car was waiting. There was little wind, but the rain was steady. We did not speak much. Every stone on that track reminded me of Kirstie, and the doctor kept damning them for bruising his feet and making him stumble.

«Das», unterbrach der Doktor heiter, «dürfte nicht so einfach sein. Ich bezweifle, dass es hier auf den Inseln einen Gottesmann gibt, der bereit wäre, sich hinzustellen und sie mit seinem Segen und dem Segen des Herrn in die Ewigkeit zu entlassen. Ich meine, sie war doch nicht mit dir verheiratet, oder? Soviel ich weiß, hast du eine Frau, die woanders wohnt. Mich geht's nichts an, aber ich bin auch kein Gottesmann.»

«Ich hab mir deswegen auch schon Gedanken gemacht», sagte Mairi.

Ich hatte ganz vergessen, dass Kirstie ja mit mir in einer ehebrecherischen Beziehung gelebt hatte, wie die Kirchenleute das nennen, und dass ihr Tod deshalb für diese Leute wohl kaum ein Anlass für Vergebung sein würde.

«Mistkerle», sagte ich bitter.

«Nein, nein», wandte der Doktor sachlich ein. «Man kann ihnen keinen Vorwurf machen. Du hast gegen ihre Regeln verstoßen, und sie auch. Wenn das nun einer von ihnen in einem Anfall christlicher Nächstenliebe vergessen würde, dann wäre vielleicht der liebe Gott erfreut, aber ich bin verdammt sicher, dass seine Gemeinde und die Kollegen das nicht wären.»

«Man sollte meinen», seufzte Mairi, «dass wir durch den Krieg alle ein bisschen toleranter geworden wären.»

Der Doktor goss sich noch einen Whisky ein. «Ah, Mrs. McLeod, da unterstellen Sie aber, dass Toleranz an sich schon etwas Gutes ist. Das glauben aber nur wenige. Die meisten von uns tolerieren nur, was sie verstehen und gutheißen.»

Ich begleitete ihn fast bis hinauf zur Straße, wo sein Auto stand. Es war beinahe windstill, aber der Regen fiel stetig. Wir sprachen kaum. Mich erinnerte jeder Stein auf diesem Pfad an Kirstie, aber der Doktor fluchte, weil er darüber stolperte und sich die Zehen anstieß.

So Kirstie had her nice coffin, made by craftsmen in Glasgow, and delivered to us by two of McVicar's henchmen. It was of polished oak, lined with white satin, and adorned with golden-coloured tassels. In it Kirstie looked like the abbess of some great convent. She should have been lying in state in a vaulted hall, with nuns praying round her.

Young Hector refused to look at her. He would not even go into the back room where the coffin lay on our kitchen table. Nor would Laddie, our collie, which raised its head and howled at intervals of half an hour.

No one sympathised with Hector more than I, who had refused to look into my mother's coffin.

Ailie was bolder. She gazed so long that her mother had to tell her to come away.

'*Is* it Kirstie?' asked Ailie, hours afterwards.

We knew what she meant. It was hard for us who had seen her spread dung and gut fish and scratch her oxters to believe that this woman with the noble, austere face had once been our Kirstie. It was hardest for me, who had slept with her.

We had loved her, but we had not valued her as much as we should.

'Don't blame yourself, Fergus,' said Mairi, weeping in my arms.

I was weeping too. 'But we laughed at her sometimes.'

'Well, why shouldn't we? She didn't mind. I think we loved her most when we were laughing at her. Well, I did, anyway. I don't know about you and Dugald and Hector. I do know about Ailie, though.'

I left it to Dugald to try and find a willing clergyman. He did not succeed. Perhaps he might have if

Kirstie bekam also ihren schönen Sarg, angefertigt von Tischlern in Glasgow und geliefert von zwei Handlangern McVicars. Er war aus polierter Eiche, mit weißem Satin ausgeschlagen und mit goldfarbenen Quasten geschmückt. Kirstie sah darin aus wie die Äbtissin eines großen Klosters. So hätte man sie in einer gotischen Halle aufbahren können, während Nonnen um sie herum beteten.

Der kleine Hector weigerte sich, sie anzusehen. Er wollte nicht einmal das Hinterzimmer betreten, wo der Sarg auf unserem Küchentisch stand, ebenso wie Laddie, unser Collie, der alle halbe Stunde den Kopf hob und zu heulen anfing.

Niemand konnte Hector so gut verstehen wie ich, denn auch ich hatte mich geweigert, in den Sarg meiner Mutter zu schauen.

Ailie war mutiger. Sie betrachtete Kirstie sogar so lange, dass ihre Mutter sie auffordern musste zu gehen.

«Ist *das* wirklich Kirstie?» fragte Ailie Stunden später.

Wir wussten, was sie meinte. Wir hatten erlebt, wie Kirstie Dung ausbrachte, Fische ausnahm und sich unter der Achsel kratzte, und konnten kaum glauben, dass diese Frau mit dem edlen, strengen Gesicht unsere Kirstie gewesen war. Für mich war es am schwersten, denn ich hatte mit ihr geschlafen.

Wir hatten sie geliebt, aber sie hätte mehr Achtung von uns verdient.

«Mach dir keine Vorwürfe, Fergus», sagte Mairi schluchzend in meinen Armen.

Auch ich musste schluchzen. «Aber wir haben sie manchmal ausgelacht.»

«Warum nicht? Sie hat's nicht übel genommen. Ich glaube, wir haben sie am meisten geliebt, wenn wir sie ausgelacht haben. Ich bestimmt. Ich weiß nicht, ob es dir und Dugald und Hector auch so gegangen ist, aber von Ailie weiß ich es.»

Ich überließ es Dugald, einen Pfarrer zu suchen, der einverstanden wäre. Er hatte keinen Erfolg. Vielleicht, wenn

he had had months, but he had only three days, and they included Sunday, a day when in those parts it was not possible to buy a loaf of bread far less persuade Calvinist ministers to put pity before dogma. In any case, Dugald, his own morality Deuteronomical, could not have been a very persuasive envoy.

If nobody minded, he said, and if nobody expected too much, he would himself read a passage out of the Bible at the graveside. After all, there would only be ourselves present.

Hector offered to play on his bagpipes some of the tunes Kirstie had taught him. He wasn't a very good player yet, he admitted, but Kirstie hadn't minded his mistakes.

There was the grave to dig in the old kirkyard, where the ground was stony. Dugald and I found it hard work in the rain, requiring more skill than we had thought. He kept forgetting, and remarked more than once that if we had had Kirstie to help we'd have got it done a good deal quicker.

Hector walked up and down over the old flat gravestones, practising. He tried hard but he did make many mistakes.

Mairi and Ailie brought tea and pieces. We sat in the broken church and had a sad picnic. Still forgetful, Dugald chucked away a crust – since he was five, he muttered, he'd hated black crusts; but before we had time to rebuke him for his sacrilege an attendant gull pounced on it.

We kept assuring one another that though it would not be the most expert of funerals Kirstie wouldn't have minded.

er Monate Zeit gehabt hätte, aber er hatte nur drei Tage, von denen einer ein Sonntag war, also ein Tag, an dem man in dieser Gegend nicht einmal einen Laib Brot kaufen, geschweige denn einen calvinistischen Pastor dazu überreden kann, Mitleid über das Dogma zu stellen. Außerdem war Dugald mit seinen alttestamentarischen Moralvorstellungen wahrscheinlich kein besonders überzeugender Bittsteller.

Wenn niemand was dagegen hätte, sagte er, und wenn niemand zuviel erwartete, würde er selber am Grab eine Stelle aus der Bibel lesen. Schließlich wäre ja niemand anwesend außer uns.

Hector schlug vor, auf seinem Dudelsack einige Melodien zu spielen, die Kirstie ihm beigebracht hatte. Er könne noch nicht besonders gut spielen, gab er zu, aber Kirstie hätten seine Fehler nie gestört.

Nun musste auf dem alten Kirchhof, wo der Boden steinig war, ein Grab ausgehoben werden. Die Arbeit im Regen fiel Dugald und mir schwer, sie erforderte mehr Kraft als gedacht. Ohne zu überlegen sagte er ein paarmal, wir hätte es viel schneller geschafft, wenn Kirstie uns geholfen hätte.

Hector ging auf den alten, flachen Grabsteinen auf und ab und übte. Er gab sich viel Mühe, aber er machte wirklich sehr viele Fehler.

Mairi und Ailie brachten Tee und Gebäck. Wir setzten uns in der alten Kirchenruine zu einem traurigen Picknick nieder. Immer noch geistesabwesend warf Dugald eine Brotkruste fort – schon mit fünf Jahren, murmelte er, habe er angebrannte Krusten gehasst –, aber noch ehe wir ihn wegen dieses Sakrilegs rügen konnten, hatte sich eine lauernde Möwe daraufgestürzt.

Immer wieder versicherten wir einander, dass es Kirstie sicher nicht gestört hätte, wenn dies keine Beisetzung mit allem Drum und Dran wurde.

Hugh MacDiarmid: All But an Island

Scotland is not wholly surrounded by the sea – unfortunately. Nevertheless it is all but an island and in addition to its main land mass comprises not only a host of single islands of all sorts and sizes but the archipelagoes of the Hebrides, the Orkneys, and the Shetlands. It stands to reason that seafaring and fisheries and allied industries have always played a very large and important part in the life of Scotland although they do not bulk in anything like due proportion in the general conception of Scotland nor are they at all adequately reflected in its literature. What is true of the Scottish mainland is even truer of these three great exclaves. Little or nothing is popularly known of their island economies of crofting and fishing. The Hebrides enter into the general consciousness by way of a glamorous myth which has little or no relation to reality – so little indeed that the average Scotsman had no conception at all of the economic history, present conditions, and problems and potentialities of these islands. Indeed the vast majority could not name more than a few of them and I was amused a few years ago when my friend Compton Mackenzie bought the Shiant Isles to find how few supposedly well-educated Scots knew where they lay or had even heard of them before, a state of affairs paralleled, I found, by the general inability to understand what I meant by a line in one of my poems which deals with

'Fladda Chuain and the Ascrib Isles.'

Hugh MacDiarmid: Fast eine Insel

Schottland ist nicht ganz vom Meer umgeben – leider. Trotzdem ist es fast eine Insel und umfasst außer seinem Festland nicht nur eine Vielzahl einzelner Inseln der verschiedensten Art und Größe, sondern außerdem die Inselgruppen der Hebriden, der Orkneys und der Shetlands. Es liegt daher nahe, dass Seefahrt, Fischerei und verwandte Industrien im Leben Schottlands stets eine sehr bedeutende Rolle gespielt haben, auch wenn sie in der allgemeinen Vorstellung von Schottland völlig unterrepräsentiert sind und sich in seiner Literatur kaum niedergeschlagen haben. Und was für das schottische Festland gilt, gilt umso mehr für diese drei großen Exklaven. Kaum jemand hat eine Vorstellung davon, wie die Menschen auf diesen Inseln sich von bescheidenem Ackerbau und Fischfang ernähren. Die Hebriden sind nur auf Grund eines glanzvollen Mythos ins Bewusstsein der Allgemeinheit gedrungen, der wenig oder nichts mit der Wirklichkeit zu tun hat – so wenig, dass der durchschnittliche Schotte nicht die geringste Ahnung von der Wirtschaftsgeschichte, den gegenwärtigen Zuständen und Problemen und von den Entwicklungsmöglichkeiten dieser Inseln hatte. Die meisten kannten höchstens ein paar ihrer Namen, und ich war, als mein Freund Compton Mackenzie vor einigen Jahren die Shiant-Inseln kaufte, sehr belustigt festzustellen, wie wenige angeblich gebildete Schotten je von ihnen gehört hatten oder wussten, wo sie liegen. Dem entspricht, wie ich jetzt weiß, die allgemeine Unfähigkeit zu verstehen, was ich mit der Zeile in einem meiner Gedichte meinte, in der die Rede ist von

Fladda Chuain und den Ascrib-Inseln.

George Mackay Brown: The Orkneys

Everywhere in Orkney there is the sense of age, the dark backward and abysm. The islands have been inhabited for a very long time, from before the day of the plough.

The Norsemen came 1200 years ago to a place that was already populous with fishermen, herdsmen, farmers; a clever ingenious folk who built 'brochs' along sea coasts and lochs to defend themselves against sea raiders, or perhaps to dominate a subject population. These primitive castles presented a high blank circular wall to any besiegers. In the open courtyard inside the broch were wells, quernstones, stores of fish and cheese and grain, animals, people able to withstand a long siege. Between the double walls a stone stairway, with galleries, led to the top, from where the defenders could pour savage fire and stone on the enemy below.

But the broch-builders were themselves invaders. The silent vanished races stretch back beyond them, laid in barrows and howes under the green waves of time. Not a spring, but a plough somewhere, turns up another relic.

The first Orkney peoples can only be seen darkly, a few figures on a moorland against the sky, between twilight and night. They are beyond the reach of legend even. Archaeologists describe a Mediterranean folk who committed themselves to the sea. They steered their boats through the Straits and northwards, keeping close inland (for they could not trust such frail vessels far out, with their precious cargo of tribal symbols and secrets, stock, seed, nubile girls), all the way up the coastline of Spain

George Mackay Brown: Die Orkneys

Überall auf Orkney ist das Alter zu spüren, die dunkle abgrundtiefe Vergangenheit. Die Inseln waren bereits vor sehr langer Zeit besiedeltes Gebiet, noch ehe es den Pflug gab.

Schon vor 1200 Jahren fanden die Wikinger einen Ort vor, an dem zahlreiche Fischer, Viehzüchter und Bauern lebten, kluge, erfinderische Leute, die entlang der Meeresküste und der Seen «Brochs» errichteten, sei es um sich gegen Überfälle von See zu verteidigen oder um die Bevölkerung zu beherrschen. Belagerern boten diese primitiven Burgen eine hohe, glatte, runde Mauer dar. Im ungedeckten Hof im Innern eines Broch gab es Brunnen, Mühlsteine, Vorräte von Fisch, Käse und Getreide, Haustiere und Menschen, die einer langen Belagerung standhalten konnten. Zwischen den Doppelmauern führte eine steinerne Treppe über Galerien nach oben, von wo die Verteidiger wütende Feuerbrände oder Steine auf den Feind hinunterwerfen konnten.

Aber die Erbauer der Brochs waren selber Eindringlinge. Vor ihnen lebten längst verstummte, verschwundene Völker, begraben in Hünengräbern und Mulden, unter den grünen Wellen der Zeit. Kein Frühling vergeht, ohne dass irgendwo ein Pflug wieder Überreste zum Vorschein bringt.

Die frühesten Siedler auf Orkney lassen sich nur dunkel ausmachen, ein paar Gestalten auf dem Hochmoor, die sich zwischen Morgengrauen und Nacht vom Himmel abheben. Nicht einmal die Legenden wissen von ihnen. Die Archäologen beschreiben ein Mittelmeervolk, das sich dem Meer anvertraute. Sie lenkten ihre Boote durch die Straße von Gibraltar und dann nach Norden, dicht am Ufer entlang (denn in ihren zerbrechlichen Fahrzeugen konnten sie sich nicht weit hinauswagen, mit ihrer wertvollen Fracht von Stammeszeichen und Geheimnissen, Vieh, Saatgut, heirats-

and France. Instinctively, like all voyagers, they veered west, until they rounded the Scillies. Still they sailed north into the widening light – they would have planned their journey for the summer – past Wales and Man, the southern coast of Scotland, the many Hebrides. Beyond the savage bulk of Cape Wrath there was empty ocean, until in a summer dawn they saw the Orkneys like sleeping whales. There they made landfall. It seemed a likely place, secure from whatever dynastic tyranny or famine or plague or population pressure they had fled from. The sounds and seas about the islands swarmed with fish, the hills with birds and hares. They hauled their boats into the shelter of Rackwick, Yesnaby, Skaill, Aikerness.

Hardly a thing is known about these first Orkneymen (if they were the first Orkneymen) apart from the monuments they left behind them, the huge stones of Maeshowe and Brodgar, and the pastoral village of Skara Brae in the west. History can tell nothing; not a word or a name comes out of the silence – there are a few ambiguous scratches on a wall at Skara Brae. We wander clueless through immense tracts of time. Imagination stirs about a scattered string of bone beads found in Skara Brae. Did the girl have no time for adornment when a westerly gale choked the doors with sand; or did sea raiders tear them from her neck? ... The Skara Brae dwellers had lost the skills and mysteries of agriculture; they were shepherds and fishermen of a primitive kind. The sand sifted through doors and roofs, and soon their village was blank; until another nineteenth-century gale laid bare an arrangement of stones.

fähigen Mädchen), immer der Küste Spaniens und Frankreichs folgend. Instinktiv wandten sie sich dann nach Westen, wie alle Seefahrer, bis sie die Scilly-Inseln umrundet hatten. Weiter segelten sie nordwärts ins breiter werdende Licht – sie müssen ihre Reise in den Sommer gelegt haben –, vorbei an Wales und der Insel Man, der Südküste Schottlands, den vielen Hebriden. Jenseits der rauhen Felsen von Kap Wrath erstreckte sich das offene Meer, bis sie spät an einem Sommertag die Orkneys wie schlafende Wale daliegen sahen. Dort gingen sie an Land. Der Ort war gerade richtig, bot Schutz vor Unterdrückung oder Hunger oder Seuche oder Übervölkerung oder wovor sie sonst geflohen waren. In den Gewässern rund um die Inseln gab es unzählige Fische, auf den Hügeln Vögel und Kaninchen. Sie zogen ihre Boote ans sichere Ufer von Rackwick, Yesnaby, Skaill, Aikerness.

Fast nichts ist überliefert von diesen ersten Bewohnern von Orkney (falls sie die ersten waren) außer den Monumenten, die sie hinterlassen haben: die großen Steine von Maeshowe und Brodgar und das idyllische Dorf von Skara Brae im Westen. Die Geschichte kann uns nichts erzählen: kein Wort oder Name dringt aus der Stille herüber – es gibt nur ein paar vieldeutige Ritzspuren an einer Mauer in Skara Brae. Wir wandern durch riesige Zeiträume ohne jeden Anhaltspunkt. Die Fantasie entzündet sich an den verstreuten Knochenperlen einer Halskette aus Skara Brae. Blieb dem Mädchen keine Zeit mehr, sich zu schmücken, als ein stürmischer Westwind die Türen im Sand erstickte, oder haben Seeräuber sie ihr vom Hals gerissen …? Die Bewohner von Skara Brae hatten die Techniken und Geheimnisse des Ackerbaus verlernt; sie waren Schafhirten und Fischer. Sand drang durch Türen und Dächer, und bald war ihr Dorf nicht mehr zu sehen, bis im neunzehnten Jahrhundert ein neuer Sturm zusammengefügte Steine freilegte.

D. H. Lawrence: Letter from Inverness

20 August 1926

Frieda sent me on your letter from Irschenhausen. I am glad you like being there, but am surprised it is so cold. Here the weather is mild, mixed rainy and sunny. The heather is out on the moors: the day lasts till nine o'clock: yet there is that dim, twilight feeling of the north. We made an excursion to the west, to Fort William and Mallaig, and sailed up from Mallaig to the Isle of Skye. I liked it very much. It rains and rains, and the white wet clouds blot over the mountains. But we had one perfect day, blue and iridescent, with the bare northern hills sloping green and sad and velvety to the silky blue sea. There is still something of an Odyssey up there, in among the islands and the silent lochs: like the twilight morning of the world, the herons fishing undisturbed by the water, and the sea running far in, for miles, between the wet, trickling hills, where the cottages are low and almost invisible, built into the earth. It is still out of the world, and like the very beginning of Europe: though of course, in August there are many tourists and motor-cars. But the country is almost uninhabited.

D. H. Lawrence: Brief aus Inverness

20. August 1926

Frieda hat deinen Brief aus Irschenhausen an mich weitergeschickt. Es freut mich, dass es dir dort gefällt, aber ich bin überrascht, dass es so kalt ist. Hier ist das Wetter mild, abwechselnd regnerisch und sonnig. Auf der Heide blüht die Erika, es bleibt bis abends um neun hell, aber es ist das fahle Zwielicht des Nordens. Wir haben einen Ausflug nach Westen unternommen, nach Fort William und Mallaig, und sind von Mallaig aus zur Insel Skye übergesetzt. Das hat mir viel Freude gemacht. Es regnet und regnet, und die weißen feuchten Wolken legen sich über die Berge. Aber ein Tag war makellos, blau und leuchtend, und die kahlen Berge des Nordens tauchten grün und traurig und samtig in die seidig blaue See ein. Hier oben zwischen den Inseln und stillen Seen ist es immer noch ein wenig wie in der Odyssee, wie in der Morgendämmerung der Welt; die Kraniche fischen ungestört am Ufer, und die See reicht tief, meilenweit herein, zwischen den tropfend feuchten Bergen, wo die Häuschen niedrig und fast unsichtbar sind, in die Erde gebaut. Es liegt noch immer außerhalb der Welt, wie ganz am Anfang von Europa: auch wenn es natürlich im August viele Touristen und Autos gibt. Aber das Land ist fast unbesiedelt.

Virginia Woolf: Letter to Vanessa Bell

Flodigarry Hotel, Portree Isle of Skye
25th June [1938]

Well, here we are in Skye, and it feels like the South Seas – completely remote, surrounded by sea, people speaking Gaelic, no railways, no London papers, hardly any inhabitants. Believe it or not, it is (in its way, as people say) so far as I can judge on a level with Italy, Greece or Florence. No one in Fitzroy Street will believe this, and descriptions are your abhorrence – further the room is pullulating and popping with Edinburgh tourists, one of whom owns spaniels, like Sally, but 'all mine are gun trained, the only thing they wont carry being hares' – so I cant run on, did you wish it. Only – well, in Duncan's highlands, the colours in a perfectly still deep blue lake of green and purple trees reflected in the middle of the water which was enclosed with green reeds, and yellow flags, and the whole sky and a purple hill – well, enough. One should be a painter. As a writer, I feel that beauty, which is almost entirely colour, very subtle, very changeable, running over my pen, as if you poured a large jug of champagne over a hairpin. I must here tender my congratulations to Duncan upon being a Grant. We've driven round the island today, seen Dunvegan, encountered the children of the 27th Chieftain, nice red headed brats: the Castle door being open I walked in; they very politely told me the Castle was shut to visitors, but I could see the gardens. Here I found a gamekeeper's larder with the tails of two cats. Eagles are said to abound and often carry off sheep: sheep and Skye Terriers are the only industries; the

Virginia Woolf: Brief an Vanessa Bell

Flodigarry Hotel, Portree Isle of Skye
25. Juni [1938]

So, da sind wir also auf Skye, und man fühlt sich wie in der Südsee – fern von der Welt, umgeben vom Meer, die Leute sprechen Gälisch, es gibt keine Eisenbahn, keine Londoner Zeitungen, kaum Einheimische. Ob du's glaubst oder nicht, es liegt (in gewisser Weise, wie man so sagt) so weit ich das beurteilen kann, auf einer Ebene mit Italien, Griechenland oder Florenz. Niemand in der Fitzroy Street wird das glauben, und du verabscheust ja Beschreibungen – außerdem wimmelt es in diesem Raum von Touristen aus Edinburgh, und einer von ihnen hat Spaniels bei sich wie Sally, aber «meine sind alle für die Jagd abgerichtet, das einzige, was sie nicht apportieren, sind Hasen» – darum kann ich nicht weiterplaudern, auch wenn du es wünschtest. Aber – ach, die Farben von grünen und roten Bäumen spiegelten sich in Duncans Hochland in einem völlig stillen, tiefblauen See, in der Mitte des Wassers, das umgeben war von grünem Schilf und gelben Fahnen und dem Himmel und einem roten Berg – ach, genug davon. Man müsste ein Maler sein. Als Schriftstellerin spüre ich, wie die Schönheit, die fast ganz Farbe ist, sehr subtil, sehr wandelbar, über meine Feder fließt, so als würde man Champagner über eine Haarnadel gießen. An dieser Stelle muss ich Duncan dazu gratulieren, dass er ein Grant ist. Wir sind heute rund um die Insel gefahren, haben Dunvegan gesehen und die Kinder des 27. Chiefs kennengelernt, nette rothaarige Gören. Das Tor zum Schloss stand offen, also bin ich hineingegangen. Sie haben mir sehr höflich gesagt, das Schloss sei für Besucher geschlossen, aber ich könne mir die Gärten ansehen. Dort entdeckte ich eine Jagdkammer mit den Schwänzen von zwei Wildkatzen. Es soll eine Menge Adler geben, die öfters mal ein Schaf davontragen: Schafe und Skye-Terrier sind die ein-

old women live in round huts exactly the shape of skye terriers; and you can count all the natives on 20 feet: But they are very rapacious in the towns, and its no use trying to buy anything, as the price, even of Sally's meat, is at least 6 times higher than in our honest land. All the same, the Scotch are great charmers, and sing through their noses like musical tea kettles.

James Hogg: Letter to Sir Walter Scott

Bravas, Isle of Lewis
26th June 1803

Dear Sir, – We at length entered the harbour of Stornoway, and about seven o'clock in the evening cast anchor within a very short space of the houses, having been exactly sixty hours on the passage, a distance of scarcely so many miles.

As soon as I arrived, I went to the head inn, held by Mr. Creighton, a silly, despicable man, but privileged in having an excellent wife. During the whole of that evening I could not walk without taking hold of everything that came in my way, impressed with an idea that all things were in motion. I was very unfortunate in not meeting with the people to whom I was recommended here. I had a letter for Mr. Chapman at Seaforth Lodge, but he was absent in Uig, parting some land, and Mrs. Chapman being in a poor state of health, I never presented myself. I had a letter to Mr. Donald Macdonald, and another to Mr. Robertson, both of Stornoway, and in whose company I spent some time; but the one was obliged

zigen Erzeugnisse; die alten Frauen leben in runden Hütten, die genau so aussehen wie Skye-Terrier; und die Einheimischen kann man an zwanzig Füßen abzählen: aber in den Städtchen sind sie sehr habgierig, und es ist sinnlos, etwas kaufen zu wollen, denn alles, sogar Sallys Fleisch, ist hier mindestens sechsmal teurer als in unserem ehrlichen Land. Trotz allem sind die Schotten große Charmeure und singen durch die Nase wie melodische Wasserkessel.

James Hogg: Brief an Sir Walter Scott

Barvas, Isle of Lewis
26. Juni 1803

Mein Herr! Endlich haben wir den Hafen von Stornoway erreicht und sind gegen sieben Uhr abends in kurzer Entfernung von den Häusern vor Anker gegangen, nachdem wir sechzig Stunden unterwegs waren für eine Strecke von nicht einmal so vielen Meilen.

Sobald ich an Land war, begab ich mich in den größten Gasthof, der Mr. Creighton gehört, einem törichten, nichtsnutzigen Menschen, der jedoch eine sehr gute Frau hat. Während des gesamten Abends musste ich mich beim Gehen an allem festhalten, was mir in den Weg kam, da ich mir einbildete, alles sei in Bewegung. Unglücklicherweise habe ich die Personen, denen man mich hier empfohlen hatte, nicht angetroffen. Ich hatte einen Brief für Mr. Chapman in Seaforth Lodge, aber er war nach Uig gereist, um Land zu verkaufen, und da Mrs. Chapman bei schlechter Gesundheit ist, bin ich nicht vorstellig geworden. Dann hatte ich einen Brief für Mr. Donald Macdonald und einen weiteren für Mr. Robertson, beide in Stornoway, mit denen ich einige Zeit verbrachte, aber der eine musste bald mit dem

to go from home in the packet, and the other did not come home until the last day that I was there.

I wandered about the town and neighbouring country for three days, sometimes in a company with one, and sometimes with another. There is a Captain Marshall, from the neighbourhood of Fochabers, lodging in the same house with me, a sober, sensible man with whom I was very happy.

I was indeed greatly surprised at meeting with such a large and populous town in such a remote and distant country. It was but the preceding week that I ever heard of it, and yet it is quite unrivalled in all the west of Scotland north of the Clyde, either in population, trade, or commerce. I was informed by Mr. Robinson, comptroller of the Customs, that, according to the last survey, which was then newly taken, the town and suburbs contained nearly seventeen hundred souls. Mr. Macdonald, to whom I mentioned this, doubted its containing so many, but was certain that there were above a thousand.

There is one full half of the town composed of as elegant houses, with even more genteel inhabitants, than generally to be met in the towns of North Britain which depend solely on the fishing and trade. The principal and modern part of the town stands on a small point of land stretching into the harbour in the form of a T, and as you advance back from the shore the houses grow gradually worse. The poor people have a part by themselves, on a rising ground to the north-east of the town, and though all composed of the meanest huts it is laid out in streets and rows as regularly as a camp. The houses on the shore to the eastward and those at the head of the bay are of the medium sort. It hath an excellent har-

Postschiff abreisen, und der andere kam erst an meinem letzten Tag hier an.

Drei Tage lang streifte ich durch die Stadt und die umgebende Landschaft, mal von diesem, mal von jenem begleitet. Da gibt es einen Captain Marshall aus der Nähe von Fochabers, der im selben Haus wohnt wie ich; der ist ein nüchterner, vernünftiger Mann, mit dem ich mich sehr gut verstand.

Ich war höchlich überrascht, eine so große, bevölkerungsreiche Stadt in einem so abgelegenen, weit entfernten Landstrich vorzufinden. Ich hatte erst eine Woche vorher zum ersten Mal davon gehört, und doch hat sie im ganzen Westen Schottlands nördlich des Clyde nicht ihresgleichen, weder hinsichtlich der Bevölkerung noch des Handels oder Gewerbes. Wie mir Mr. Robinson, der Zollrevisor, sagte, hat die Stadt mit Vororten der jüngsten Zählung zufolge, die gerade erst durchgeführt wurde, annähernd siebzehnhundert Seelen. Als ich dies gegenüber Mr. Macdonald erwähnte, bezweifelte er, dass es so viele seien, war aber überzeugt, dass es mehr als tausend sind.

Mindestens die Hälfte der Häuser in dieser Stadt sind nicht weniger elegant, und ihre Bewohner sind sogar von besserem Stand, als man es im allgemeinen in jenen Städten des nördlichen Britannien antrifft, die allein vom Fischfang und Handel leben. Der bedeutendere und neuere Teil der Stadt befindet sich auf einer Landzunge, die T-förmig in den Hafen ragt, und je weiter man sich vom Wasser entfernt, umso einfacher sind die Häuser. Die Armen leben in einem Viertel für sich auf einer Anhöhe nordöstlich der Stadt, und wenngleich es ganz aus ärmlichen Hütten besteht, sind diese doch in Straßen und Reihen angeordnet wie ín einem Militärlager. Die östlich gelegenen Häuser entlang dem Wasser und jene am Ende der Bucht sind von mittlerer Qualität. Die Stadt hat einen ausgezeichneten Hafen, und eine beson-

bour, and is much ornamented by the vicinity of Seaforth Lodge, which stands on a rising ground overlooking the town and harbour. The town is much incommoded by the want of streets or pavements. Even the most elegant houses facing the harbour, saving a small road close by the wall, have only the rough sea shore to pass and repass on, which being composed of rough stones, which fly from the foot, grinding on one another, forms a most uncomfortable footpath.

As the peculiarities observable in the modes and customs of the inhabitants are applicable to the whole island, I shall note a few of them on taking leave of it. I shall only observe here, that the well directed and attended schools, the enlightened heads, and enlarged ideas of a great number of the people of Stornoway bid fair to sow the seeds of emulation, and consequently of improvement in that remote country. It is a general complaint through all the Long Island that the poorer sort are much addicted to pilfering. I persuaded myself that I saw a striking evidence to the contrary in the inhabitants of this town. During the daytime there were thousands of white fish spread on the shores, drying on the sand. When night came they were gathered and built up in large heaps, and loosely covered with some coarse cloth, and when the sun grew warm next day were again spread. Now, my dear Sir, I'll wager you durst not have exposed your fish in such a manner at Edinburgh, for as fine a place it is.

Although the island is not noted for riots, I had no very favourable specimen of their absolute command over their passions. On the very night of my arrival a desperate affray took place in the room adjoining to that in which I slept. Several respectable men, the collector, and one of the Bailiffs, were engaged in it.

dere Zierde ist das nahe gelegene Seaforth Lodge, das auf einer Anhöhe mit Blick auf Stadt und Hafen steht. Ein Mangel ist dagegen das Fehlen von Straßen und Gehwegen. Selbst die elegantesten Häuser am Hafen erreicht man, sieht man von einer engen Straße dicht an der Kaimauer ab, nur über den Strand, und da dieser aus groben Kieselsteinen besteht, die bei jedem Schritt umherfliegen und knirschen, ist er als Fußweg sehr unbequem.

Die Eigentümlichkeiten der Sitten und Gebräuche der Stadtbewohner gelten auch für die übrige Insel, und so will ich kurz vor meiner Abreise einige davon festhalten. Ich will lediglich bemerken, dass die gut geführten und gut besuchten Schulen, das aufgeklärte Denken und der weite Horizont einer Vielzahl von Menschen in Stornoway gewiss zur Nachahmung auffordern, da es zur Entwicklung dieses entlegenen Landesteils führen würde. Allgemein wird auf den westlichen Inseln darüber geklagt, dass die ärmere Bevölkerung zu Diebereien neigt. Ich glaube aber bei den Bewohnern dieser Stadt eine Beboachtung gemacht zu haben, die das Gegenteil belegt. An einem Tag hatte man Tausende von Weißfischen am Ufer ausgelegt, um sie dort im Sand trocknen zu lassen. Als der Abend kam, wurden sie eingesammelt, zu großen Haufen aufgeschichtet und locker mit ein paar groben Tüchern zugedeckt, und als es am nächsten Tag warm wurde, legte man sie wieder aus. Ich möchte wetten, mein Herr, dass Sie es nicht wagen würden, Ihren Fisch in dieser Weise in Edinburgh auszulegen, so schön diese Stadt auch ist.

Die Insel gilt zwar nicht als aufrührerisch, aber von ihrer Fähigkeit, ihre Leidenschaften im Zaum zu halten, habe ich doch keinen sehr günstigen Eindruck bekommen. Noch am Abend meiner Ankunft kam es im Raum neben meiner Schlafstube zu einer schrecklichen Prügelei. Mehrere angesehene Männer, darunter der Steuereinnehmer und der

It was fought with great spirit and monstrous vociferation. Desperate wounds were given and received, the door was split in pieces, and twice some of the party entered my chamber. I was overpowered with sleep, having got none at sea, and minded them very little, but was informed of all by Mr. Marshall. A ship's captain, in particular, wrought terrible devastation. He ran foul of the table, although considerably to the windward, which he rendered a perfect wreck, sending all its precious cargo of crystal, china, etc. to the bottom, and attacked his opponents with such fury and resolution that he soon laid most of them sprawling on the deck. Some of the combatants being next day confined to their beds, summonses were issued, and a prosecution commenced, but the parties being very nearly connected a treaty was set on foot, and the preliminaries signed before I left Stornoway.

Robert Burns: Scots Wha Hae

Robert Bruce's Address to His Army,
Before the Battle of Bannockburn

Scots, wha hae wi' Wallace bled,
Scots, wham Bruce has aften led,
Welcome to your gory bed,
Or to victorie.

Now's the day, and now's the hour;
See the front o' battle lour;
See approach proud Edward's power –
Chains and slaverie!

Bailiff, waren darin verwickelt. Man schlug sich heftig und äußerst lautstark und fügte einander schreckliche Wunden zu. Meine Tür wurde zertrümmert, und zweimal drangen einige der Beteiligten in meine Kammer. Da ich auf See nicht geschlafen hatte, war ich aber viel zu müde, um mich weiter darum zu kümmern, und erst Mr. Marshall erzählte mir alles. Ein Schiffskapitän richtete besonders große Verwüstung an. Er nahm sich den Tisch vor, obwohl dieser abseits stand, und machte ein Wrack daraus, indem er die wertvolle Ladung von Kristallglas, Porzellan usw. auf den Grund versenkte, und griff dann seine Gegner so wild und entschlossen an, dass die meisten von ihnen schon bald ausgestreckt auf Deck lagen. Mehrere der Kombattanten mussten am nächsten Tag das Bett hüten, und so wurden Vorladungen ausgestellt und ein Verfahren eingeleitet, doch da zwischen den Beteiligten enge Beziehungen bestehen, setzte man einen Vertrag auf und unterzeichnete den Entwurf, noch ehe ich Stornoway verließ.

Robert Burns: Schotten!

Robert Bruces Ansprache an seine Soldaten
vor der Schlacht von Bannockburn

Schotten, ihr habt mit Wallace geblutet,
Schotten, euch hat Bruce oft geführt:
Willkommen auf euerm blutigen Lager
    oder im Sieg.

Jetzt ist der Tag und jetzt ist die Stunde;
seht die Schlachtreihe finster drohen,
seht die Kräfte des stolzen Edward nahen –
    Ketten und Sklaverei!

Wha will be a traitor knave?
Wha can fill a coward's grave?
Wha sae base as be a slave?
Let him turn and flee!

Wha for Scotland's king and law
Freedom's sword will strongly draw,
Freeman stand, or freeman fa'?
Let him follow me!

By oppression's woes and pains!
By your sons in servile chains!
We will drain our dearest veins,
But they *shall* be free!

Lay the proud usurpers low!
Tyrants fall in every foe!
Liberty's in every blow!
Let us do – or die!

Eric Linklater: Mary, Queen of Scots

A legend, to be a good enduring legend, should have some congruity with the land of its birth. And to this postulate Mary conforms, having been brave, energetic, and unfortunate. She conforms to the idea of Scotland in that, despite her many virtues, she lacked the co-ordinating factor, the mating principle, to bring them success or frustration. That incompleteness has always been Scotland's destiny. There is, moreover, something Scottish and uncomely in the fact that her son went to London, where he became wealthy, famous, and something

Wer will ein gemeiner Verräter sein?
Wer vermag als Feigling ins Grab zu sinken?
Wer würde sich zum Sklaven erniedrigen?
    Der soll kehrtmachen und fliehen.

Wer will für Schottlands König und Gesetz
das Schwert der Freiheit kraftvoll ziehen,
als freier Mann stehen oder fallen?
    Der soll mir folgen!

Bei den Leiden und Qualen der Unterdrückung!
Bei euern Söhnen, die in Sklavenketten liegen!
Wir wollen unsern letzten Blutstropfen geben,
    Aber sie sollen frei sein!

Streckt die frechen Eindringlinge nieder!
Mit jedem Feind fällt ein Tyrann!
Jeder Schwerthieb bringt uns Freiheit!
    Tun wir's – oder lasst uns sterben!

Eric Linklater: Mary, Königin von Schottland

Ein Legende, wenn sie gut sein oder Bestand haben soll, muss in gewissem Einklang mit dem Land ihrer Herkunft stehen. Und dieser Forderung entspricht Mary, die tapfer, tatkräftig und unglücklich war. Sie entspricht der Vorstellung von Schottland insofern, als ihr trotz ihrer vielen Stärken das verbindende Element, das einigende Band fehlte, das den Schotten zu Erfolg oder Wirksamkeit hätte verhelfen können. Diese Unvollkommenheit war schon immer Schottlands Schicksal. Auch liegt etwas sehr Schottisches und Unschönes darin, dass ihr Sohn nach London ging, wo er reich, berühmt und eine leicht komische Figur wurde. Ihm fiel als

of a joke: falling heir to that which his mother had ruled and lost, and that which she had worked for and never won, he was yet disinherited of her courage and her beauty and her grace. And the beauty that she failed to transmit is also part of her title to be Scotland's Queen: to be, not merely to have been. – A romantic assertion? But

> 'Vivre sans rêve, qu'est-ce?
> Et j'aime la Princesse Lointaine!'

Sir Francis Knollys, meeting Mary in Carlisle, wrote of her to Cecil: 'This lady and princess is a notable woman. She seemeth to regard no ceremonious honour besides the acknowledging of her estate regal. She showeth a disposition to speak much, to be bold, to be pleasant, and to be very familiar. She showeth a great desire to be avenged of her enemies; she showeth a readiness to expose herself to all perils in hope of victory; she delighteth much to hear of hardiness and valiancy, commending by name all approved hardy men of her country, although they be her enemies; and she commendeth no cowardness even in her friends. The thing that most she thirsteth after is victory, and it seemeth to be indifferent to her to have her enemies diminish, either by the sword of her friends, or by the liberal promises and rewards of her purse, or by division and quarrels raised among themselves; so that for victory's sake pain and perils seemeth pleasant unto her, and in respect of victory, wealth and all things seemeth to her contemptuous and vile.'

There indeed is a proper queen for the high hills, snow-covered, with the sunlight a blinding gleam

Erbe das zu, was seine Mutter als Herrscherin besessen und verloren hatte, ebenso wie das, was sie erstrebt und nie erlangt hatte, aber was sie ihm nicht vererbte, war ihr Mut, ihre Schönheit und ihre Anmut. Und auf diese Schönheit, die sie nicht weitergegeben hat, gründet sich zum Teil ihr Anspruch, Königin von Schottland zu sein: zu sein, nicht nur gewesen zu sein. – Eine romantische Behauptung? Aber

> Was ist das Leben ohne Träume?
> Und ich liebe die ferne Prinzessin!

Als Sir Francis Knollys in Carlisle mit Mary zusammentraf, schrieb er über sie an Cecil: «Diese Dame und Fürstin ist eine bemerkenswerte Frau. Sie scheint auf zeremonielle Ehrenbezeugungen keinen Wert zu legen außer darauf, dass man ihren Rang als Herrscherin anerkennt. Sie neigt dazu, viel zu sprechen, Kühnes zu sagen, zu scherzen und sehr leutselig zu sein. Sie zeigt großes Verlangen danach, an ihren Feinden gerächt zu werden, und eine Bereitschaft, sich jeglicher Gefahr auszusetzen, sofern Hoffnung auf Sieg besteht. Sie hört gerne von Ausdauer und Tapferkeit und lobt namentlich alle Männer ihres Landes, die sich ausdauernd gezeigt haben, sogar wenn sie ihre Gegner sind, und sie entschuldigt keine Feigheit, auch nicht bei ihren Freunden. Wonach sie am meisten dürstet, ist Sieg, und dabei ist es ihr anscheinend gleichgültig, ob die Zahl ihrer Feinde durch das Schwert ihrer Freunde verringert wird oder durch großzügige Versprechungen und Belohnungen aus ihrer Schatulle oder durch Uneinigkeit und Streit, die man unter ihnen anzettelt. Um des Sieges willen erachtet sie Schmerz und Gefahr als erträglich, und gemessen an einem Sieg erscheinen ihr Reichtümer und alles andere als verächtlich und schnöde.»

Das ist wahrlich die passende Königin für die hohen schneebedeckten Berge, wo das grelle Sonnenlicht in den

in the corries, and blue shadows on the dappled snow; for Scotland in the gipsy colours of autumn, of silver birch and discoloured leaf and the solid black-hearted green of the pines; Scotland of swift amber streams and silver firths that take the knees of the mountains in their arms; of the islands that float on the western sea under sails of indigo and pearl and the vapour of gold; Scotland of pibrochs and the silent music of the harp, of *Christ's Kirk on the Green,* of Urquhart, and rough bothy-singers; of the makars and the ballads, of the chivalry that rode to Flodden, of broken clans and banished men, of battle-fields from Lucknow to the Somme; of beauty that brings no profit but to the heart, and of disaster that wrings the heart … True, there is another Scotland, somewhat provincial in spirit and circumscribed in its imagination; a lion couchant, with the unaspiring steeple of a depressing church and a factory chimney for supporters; a country whose native violence and traditionally dogged temper have violently asserted and now most doggedly maintain a standard of un-flinching mediocrity. The sentiments and the smoke of this other Scotland somewhat obscure the old romantic kingdom – but what of it?

Tecum Scotia nostra comparatur?
O saeculum insapiens et infacetum!

Mulden die Augen blendet und blaue Schatten auf dem gefleckten Schnee liegen; für Schottland in den herbstlichen Zigeunerfarben von Silberbirke und verfärbten Blättern und dem tiefen, im Innersten schwarzen Grün der Fichten; Schottland mit seinen flinken, bernsteingelben Bächen und den silbrigen Förden, die die Kniee der Berge umarmen; mit den Inseln, die in der westlichen See unter Segeln von Indigo und Perlmutt in goldenem Dunst treiben; Schottland mit seinen Pibroch-Flöten und der sanften Musik der Harfe, der Christ's Kirk on the Green, mit Urquhart und Gesang in Torfhütten, mit Gedichten und Balladen, Rittern, die nach Flodden zogen, mit seinen entmutigten Clans und Männern in der Verbannung, mit Schlachtfeldern von Lucknow bis zur Somme, mit einer Schönheit, aus der nur das Herz einen Nutzen zieht, und Unglück, das einem das Herz bricht ... Gewiss, es gibt noch ein anderes Schottland, etwas provinziell im Denken und von beschränkter Fantasie; ein schlafender Löwe, eingerahmt von einem bedrückend hässlichen Kirchturm und einem Fabrikschlot; ein Land, dessen Beharrlichkeit und Neigung zur Gewalt sich durchgesetzt haben und das nun beharrlich und unerschrocken sein Mittelmaß verteidigt. Hinter dem Denken und dem Qualm dieses anderen Schottland verschwimmt das alte romantische Königreich ein wenig – aber was soll's?

Tecum Scotia nostra comparatur?
O saeculum insapiens et infacetum!

Lytton Strachey: James Boswell

Boswell's career was completely dominated by his innate characteristics. Where they came from it is impossible to guess. He was the strangest sport: the descendant of Scotch barons and country gentlemen, the son of a sharp lowland lawyer, was an artist, a spendthrift, a buffoon, with a passion for literature, and without any dignity whatever. So he was born, and so he remained; life taught him nothing – he had nothing to learn; his course was marked out, immutably, from the beginning. At the age of twenty-three he discovered Dr. Johnson. A year later he was writing to him, at Wittenberg, "from the tomb of Melanchthon": "My paper rests upon the gravestone of that great and good man. ... At this tomb, then, my ever dear and respected friend! I vow to thee an eternal attachment." The rest of Boswell's existence was the history of that vow's accomplishment.

Samuel Smiles: The Trial of Authorship

The accidental destruction of Sir Isaac Newton's papers, by his little dog 'Diamond' upsetting a lighted taper upon his desk, by which the elaborate calculations of many years were in a moment destroyed, is a well-known anecdote, and need not be repeated: it is said that the loss caused the philosopher such profound grief that it seriously injured his health, and impaired his understanding. An accident of a somewhat similar kind happened to the MS. of Mr. Carlyle's first volume of his 'French Revolution.'

Lytton Strachey: James Boswell

Boswells Lebensweg war geprägt von seinen angeborenen Eigenschaften. Woher er diese hatte, kann man unmöglich sagen. Er war ein sonderbarer Geselle: der Nachfahr schottischer Barone und Landbesitzer und Sohn eines gerissenen Anwalts aus den Lowlands war ein Künstler, ein Verschwender, ein Clown mit einer leidenschaftlichen Liebe zur Literatur und ohne jedes Gespür für Würde. So kam er zur Welt und so blieb er, das Leben lehrte ihn nichts – er brauchte nichts zu lernen, sein Weg war ihm von Anfang an unabänderlich vorgezeichnet. Im Alter von dreiundzwanzig entdeckte er Dr. Johnson. Ein Jahr später schrieb er ihm aus Wittenberg «vom Grab des Melanchthon»: «Mein Papier liegt auf dem Grabstein dieses großen und guten Mannes … An diesem Grab, mein stets teurer und verehrter Freund, schwöre ich dir ewige Anhänglichkeit!» Boswells übriges Leben ist die Geschichte der Erfüllung dieses Schwurs.

Samuel Smiles: Mühsal des Autorenlebens

Jeder kennt die Geschichte von Sir Isaac Newtons Hündchen Diamond, das die sämtlichen Papiere seines Herrn vernichtete, als es eine brennende Kerze auf seinem Schreibtisch umstieß, so dass die mühsamen Berechnungen vieler Jahre in wenigen Augenblicken zerstört waren; ich brauche das also hier nicht zu wiederholen. Es heißt, der Verlust habe dem Gelehrten so schweren Kummer bereitet, dass seine Gesundheit ernsthaft angegriffen wurde und sein Verstand darunter litt. Ein ähnliches Unglück traf das Manuskript des ersten Bandes von Mr. Carlyles Werk «Die französische Revolution». Er hatte

He had lent the MS. to a literary neighbour to peruse. By some mischance, it had been left lying on the parlour floor, and become forgotten. Weeks ran on, and the historian sent for his work, the printers being loud for 'copy.' Inquiries were made, and it was found that the maid-of-all-work, finding what she conceived to be a bundle of waste paper on the floor, had used it to light the kitchen and parlour fire with! Such was the answer returned to Mr. Carlyle, and his feeling may be imagined. There was, however, no help for him but to set resolutely to work to re-write the book and he turned to and did it. He had no draft, and was compelled to rake up from his memory facts, ideas and expressions, which had been long since dismissed. The composition of the book in the first instance had been a work of pleasure; the re-writing of it a second time was one of pain and anguish almost beyond belief. That he persevered and finished the volume under such circumstances affords an instance of determination of purpose which has seldom been surpassed.

R. L. Stevenson: Young Robert Burns

Any view of Burns would be misleading which passed over in silence the influences of his home and his father. That father, William Burnes, after having been for many years a gardener, took a farm, married, and, like an emigrant in a new country, built himself a house with his own hands. Poverty of the most distressing sort, with sometimes the

das Manuskript einem Nachbarn, der ebenfalls Literat war, zur Durchsicht gegeben. Unglücklicherweise wurde es auf dem Fußboden der Wohnstube abgelegt und dort vergessen. Wochen vergingen; schließlich schickte der Historiker nach seinem Werk, da der Verleger dringend «Material» verlangte. Nachforschungen wurden angestellt, und man entdeckte, dass die Hausmagd, als sie auf dem Fußboden ein Bündel, wie sie glaubte, wertloses Papier fand, dieses benutzt hatte, um damit das Kaminfeuer in der Wohnstube und in der Küche anzuzünden! Eine entsprechende Antwort wurde Mr. Carlyle zugestellt, und man kann sich denken, wie diesem zumute war. Es blieb ihm aber nichts anderes übrig, als sich entschlossen ans Werk zu machen und das Buch ein zweites Mal zu schreiben, und das tat er dann auch. Da er keine Notizen besaß, war er gezwungen, sämtliche Fakten, Gedanken und Formulierungen, mit denen er schon vor langer Zeit abgeschlossen hatte, noch einmal aus dem Gedächtnis zusammenzusuchen. Als er das Buch zum ersten Mal schrieb, war dies für ihn eine freudige Arbeit; aber beim zweiten Mal bedeutete sie ihm eine fast unvorstellbare Qual. Dass er unter solchen Umständen dennoch durchhielt und den Band zu Ende brachte, ist ein Beispiel von Willensstärke, wie sie selten übertroffen worden ist.

R. L. Stevenson: Der junge Robert Burns

Jede Darstellung von Burns, die die Einflüsse seines Elternhauses und seines Vaters verschwiege, würde in die Irre führen. Dieser Vater, William Burnes, war viele Jahre lang Gärtner, bevor er eine Farm kaufte, heiratete und sich dann wie ein Auswanderer in einem neuen Land mit eigenen Händen ein Haus baute. Bedrückende Armut und die zeitweilige Aussicht auf Gefängnis vergällten ihm den Rest seines Lebens.

near prospect of the jail, embittered the remainder of his life. Chill, backward, and austere with strangers, grave and imperious in his family, he was yet a man of very unusual parts and of an affectionate nature. On his way through life he had remarked much upon other men, with more result in theory than practice; and he had reflected upon many subjects as he delved the garden. His great delight was in solid conversation; he would leave his work to talk with the schoolmaster Murdoch; and Robert, when he came home late at night, not only turned aside rebuke but kept his father two hours beside the fire by the charm of his merry and vigorous talk. Nothing is more characteristic of the class in general, and William Burnes in particular, than the pains he took to get proper schooling for his boys, and, when that was no longer possible, the sense and resolution with which he set himself to supply the deficiency by his own influence. For many years he was their chief companion; he spoke with them seriously on all subjects as if they had been grown men; at night, when work was over, he taught them arithmetic; he borrowed books for them on history, science, and theology; and he felt it his duty to supplement this last – the trait is laughably Scottish – by a dialogue of his own composition, where his own private shade of orthodoxy was exactly represented. He would go to his daughter as she stayed afield herding cattle, to teach her the names of grasses and wild flowers, or to sit by her side when it thundered. Distance to strangers, deep family tenderness, love of knowledge, a narrow, precise, and formal reading of theology – everything we learn of him hangs well together, and builds up a popular Scotch type. (…)

Er war kalt, verschlossen und abweisend gegenüber Fremden, streng und herrschsüchtig innerhalb der Familie, und doch besaß er ungewöhnliche Begabungen und ein liebevolles Wesen. Auf seinem Weg durchs Leben hatte er andere Menschen genau beobachtet, was aber eher theoretische als praktische Folgen hatte, und während er den Garten umgrub, hatte er über viele Dinge nachgedacht. Besondere Freude bereitete ihm ein kluges Gespräch, und oft ließ er seine Arbeit ruhen, um sich mit dem Schullehrer Murdoch zu unterhalten. Kam Robert einmal spät abends nach Hause, dann entzückte er seinen Vater mit seinem vergnügten, lebhaften Geplauder so sehr, dass dieser nicht nur seine Schelte vergaß, sondern noch zwei Stunden lang bei ihm am Kamin blieb. Nichts ist so kennzeichnend für diese Art von Menschen und für William Burnes im Besonderen wie das Bemühen, seinen Söhnen eine ordentliche Schulbildung zu verschaffen und, als dies nicht mehr möglich war, die Umsicht und Entschlossenheit, mit der er diesen Mangel durch seine eigene Bemühung auszugleichen suchte. Viele Jahre lang war er ihr einziger Gefährte, über alles sprach er mit ihnen, als wären sie erwachsene Männer. Am Abend, wenn die Arbeit getan war, lehrte er sie Arithmetik; er lieh sich für sie Bücher über Geschichte, Naturkunde und Theologie aus; und er sah es als seine Pflicht an, letztere dadurch zu ergänzen – und dies ist so schottisch, dass man lachen könnte –, dass er selbst ein Streitgespräch verfasste, in dem sich seine persönliche Glaubensauffassung genau widerspiegelte. Wenn seine Tochter auf der Weide war und die Kühe hütete, ging er zu ihr hinaus und lehrte sie die Namen der Gräser und der wilden Blumen, und wenn es donnerte, blieb er bei ihr sitzen. Distanz gegenüber Fremden, tiefe väterliche Liebe, Wissbegierde, ein enges, genaues, wortgetreues Verständnis von Theologie – alles, was wir von ihm wissen, passt zusammen und fügt sich zum Bild eines Schotten, wie man ihn oft antrifft.

Robert steps before us, almost from the first, in his complete character – a proud, headstrong, impetuous lad, greedy of pleasure, greedy of notice; in his own phrase "panting after distinction," and in his brother's "cherishing a particular jealousy of people who were richer or of more consequence than himself:" with all this, he was emphatically of the artist nature. Already he made a conspicuous figure in Tarbolton church, with the only tied hair in the parish, "and his plaid, which was of a particular colour, wrapped in a particular manner round his shoulders." Ten years later, when a married man, the father of a family, a farmer, and an officer of Excise, we shall find him out fishing in masquerade, with fox-skin cap, belted greatcoat, and great Highland broadsword. He liked dressing up, in fact, for its own sake. This is the spirit which leads to the extravagant array of Latin Quarter students, and the proverbial velveteen of the English landscape-painter; and, though the pleasure derived is in itself merely personal, it shows a man who is, to say the least of it, not pained by general attention and remark. His father wrote the family name *Burnes*; Robert early adopted the orthography *Burness* from his cousin in the Mearns; and in his twenty-eighth year changed it once more to *Burns*. It is plain that the last transformation was not made without some qualm; for in addressing his cousin he adheres, in at least one more letter, to spelling number two. And this, again, shows a man preoccupied about the manner of his appearance even down to the name, and little willing to follow custom.

Robert tritt uns fast von Anfang an als abgerundeter Charakter entgegen: als ein stolzer, eigensinniger, stürmischer junger Mann, der sich nach Vergnügen und nach Aufmerksamkeit sehnt, der, um es mit seinen Worten zu sagen, «nach Auszeichnung lechzt» oder, wie sein Bruder sagte, «sonderbar neidisch auf Leute war, die reicher oder von höherem Rang waren als er selbst.» In all dem zeigt sich ganz deutlich seine Künstlernatur. Schon in der Kirche von Tarbolton war er eine auffällige Erscheinung, da er als einziger in der Gemeinde das Haar geflochten trug, «und sein Plaid, das von eigentümlicher Farbe war, trug er in eigentümlicher Weise um die Schultern geschlungen.» Zehn Jahre später, als er verheiratet und Familienvater ist, Farmer und Steuerbeamter, finden wir ihn beim Fischen, ausstaffiert mit Fuchspelzmütze, einem gegürteten Mantel und einem großen Schwert aus den Highlands. Es machte ihm einfach Spaß, sich zu verkleiden, aus demselben Grund, aus dem sich die Studenten des Quartier Latin extravagant zurechtmachen oder englische Landschaftsmaler sich regelmäßig in Samt kleiden; und wenngleich das Vergnügen, das ihm dies bereitete, ein rein persönliches ist, so kommt darin doch ein Mann zum Vorschein, dem, um es vorsichtig zu sagen, öffentliche Aufmerksamkeit nicht unangenehm ist. Sein Vater schrieb den Familiennamen «Burnes»; Robert übernahm anfangs von seinem Vetter in Mearns die Schreibweise «Burness»; aber als er achtundzwanzig war, änderte er sie erneut, diesmal zu «Burns». Dass er diese letzte Änderung nicht ohne Zögern vornahm, wird daran deutlich, dass er in mindestens einem Brief an den Vetter noch an der zweiten Schreibart festhält. Und dies wiederum verrät einen Mann, der auf sein Erscheinungsbild bis hin zur Schreibung des Namens großen Wert legt und der nicht bereit ist, sich an das zu halten, was üblich ist.

Nathaniel Hawthorne: Burns's House in Dumfries

We left Carlisle at a little past eleven, and within the half-hour were at Gretna Green. Thence we rushed onward into Scotland through a flat and dreary tract of country, consisting mainly of desert and bog. Anon, however, the hills hove themselves up to view, occasionally attaining a height which might almost be called mountainous. In about two hours we reached Dumfries, and alighted at the station there.

Chill as the Scottish summer is reputed to be, we found it an awfully hot day, but we sturdily adventured through the burning sunshine up into town, inquiring our way to the residence of Burns. The street leading from the station is called Shakespeare Street; and at its farther extremity we read "Burns Street" on a corner-house, – the avenue thus designated having been formerly known as "Mill-Hole Brae." It is a vile lane, paved with small, hard stones from side to side, and bordered by cottages or mean houses of whitewashed stone, joining one to another along the whole length of the street. With not a tree, of course, or a blade of grass between the paving-stones, the narrow lane was as hot as Tophet, and reeked with a genuine Scotch odor, being infested with unwashed children, and altogether in a state of chronic filth; although some women seemed to be hopelessly scrubbing the thresholds of their wretched dwellings. I never saw an outskirt of a town less fit for a poet's residence, or in which it would be more miserable for any man of cleanly predilections to spend his days.

Nathaniel Hawthorne: Das Burns-Haus in Dumfries

Wir verließen Carlisle kurz nach elf Uhr und erreichten nach einer halben Stunde Gretna Green. Von dort ging es rasch weiter nach Schottland hinein, durch eine flache, eintönige Landschaft, die hauptsächlich aus Brachland und Moor bestand. Bald kamen jedoch Hügel in Sicht, von denen manche so hoch waren, dass man sie fast als Berge bezeichnen könnte. Nach etwa zwei Stunden trafen wir in Dumfries ein und stiegen am Bahnhof aus.

Es heißt zwar, der schottische Sommer sei kalt, aber diesen Tag fanden wir schrecklich heiß. Trotz der sengenden Sonne machten wir uns unverdrossen auf den Weg in die Stadt, wo wir uns nach dem Wohnhaus von Burns erkundigten. Die Straße, die vom Bahnhof wegführt, heißt Shakespeare Street, aber an ihrem anderen Ende lasen wir an einer Hausecke den Namen «Burns Street». Früher war dieser so bezeichnete Boulevard als «Mill-Hole Brae» bekannt. Es handelt sich um eine hässliche Gasse, die ganz mit kleinen, harten Steinen gepflastert ist und von Fachwerkhütten oder ärmlichen, weiß getünchten Steinhäusern, die in langer Reihe dicht an dicht stehen, gesäumt wird. Natürlich gab es nirgends einen Baum, nicht einmal einen Grashalm zwischen den Pflastersteinen, und so war es in dieser engen Gasse höllisch heiß und stank auf typisch schottische Weise, da es hier von ungewaschenen Kindern wimmelte und alles sich in einem völlig verschmutzten Zustand befand, obwohl einige Frauen – ohne viel Hoffnung, wie es schien – den Eingang ihrer kümmerlichen Behausungen scheuerten. Noch nie habe ich einen Außenbezirk einer Stadt gesehen, der für einen Poeten als Wohnort weniger passend wäre oder in dem leben zu müssen für jemanden, der die Sauberkeit liebt, ein größeres Unglück bedeutete.

We asked for Burns's dwelling; and a woman pointed across the street to a two-story house, built of stone, and whitewashed, like its neighbours, but perhaps of a little more respectable aspect than most of them, though I hesitate in saying so. It was not a separate structure, but under the same continuous roof with the next. There was an inscription on the door, bearing no reference to Burns, but indicating that the house was now occupied by a ragged or industrial school. On knocking, we were instantly admitted by a servant-girl, who smiled intelligently when we told our errand, and showed us into a low and very plain parlor, not more than twelve of fifteen feet square. A young woman, who seemed to be a teacher in the school, soon appeared, and told us that this had been Burns's usual sitting-room, and that he had written many of his songs here.

She then led us up a narrow staircase into a little bedchamber over the parlor. Connecting with it, there is a very small room, or windowed closet, which Burns used as a study; and the bedchamber itself was the one where he slept in his later lifetime, and in which he died at last. Altogether, it is an exceedingly unsuitable place for a pastoral and rural poet to live or die in, – even more unsatisfactory than Shakespeare's house, which has a certain homely picturesqueness that contrasts favorably with the suburban sordidness of the abode before us. The narrow lane, the paving-stones, and the contiguity of wretched hovels are depressing to remember; and the steam of them (such is our human weakness) might almost make the poet's memory less fragrant.

As already observed, it was an intolerably hot day. After leaving the house, we rested and refreshed our-

Wir fragten nach Burns' Wohnhaus, und eine Frau deutete auf ein zweistöckiges Haus auf der anderen Straßenseite, aus Stein erbaut und getüncht wie seine Nachbarn, aber möglicherweise von etwas achtbarerem Aussehen als die meisten von ihnen – obwohl ich mit dieser Behauptung zögere. Es handelte sich nicht um ein frei stehendes Gebäude, sondern teilte sich das Dach mit dem Haus nebenan. An der Tür war ein Schild, das aber nicht auf Burns hinwies, sondern besagte, dass sich hier jetzt eine Armenschule befinde. Wir klopften an, und sofort öffnete uns ein Dienstmädchen, das uns verständig anlächelte, als wir ihr sagten, was wir wünschten, und uns in ein niedriges, sehr bescheidenes Zimmer führte, das nicht mehr als zwölf mal fünfzehn Fuß maß. Kurz darauf erschien eine junge Frau, die eine der Lehrerinnen zu sein schien, und erklärte uns, dass dies Burns' Wohnzimmer gewesen sei und dass er hier viele seiner Lieder geschrieben habe.

Dann führte sie uns eine schmale Stiege hinauf in ein enges, über dem Wohnraum gelegenes Schlafzimmer. Gleich daneben liegt eine winzige Kammer, eine Art Wandschrank mit Fenster, die Burns als Arbeitszimmer diente; in diesem Schlafzimmer schlief er erst in seinen späteren Jahren, und dort starb er auch. Alles in allem ist dies für einen Dichter des Dorf- und Landlebens ein denkbar ungeeigneter Ort, um dort zu leben und zu sterben – noch unpassender als Shakespeares Haus, das wenigstens eine gewisse malerische Gemütlichkeit besitzt, die sich wohltuend von der Erbärmlichkeit dieses Stadtrandhauses abhebt. Es ist bedrückend, sich an die enge Gasse, die Pflastersteine und die dicht beieinander stehenden Elendshütten zu erinnern, und ihre Ausdünstungen könnten einem fast (so schwach sind wir Menschen) das Andenken an diesen Dichter verderben.

Wie schon gesagt, der Tag war unerträglich heiß. Nachdem wir das Haus verlassen hatten, ruhten wir uns eine

selves, and then set forth in quest of the mausoleum of Burns.

Coming to St. Michael's Church, we saw a man digging a grave, and, scrambling out of the hole, he let us into the churchyard, which was crowded full of monuments. Their general shape and construction are peculiar to Scotland, being a perpendicular tablet of marble or other stone, within a framework of the same material, somewhat resembling the frame of a looking-glass; and, all over the churchyard, these sepulchral memorials rise to the height of ten, fifteen, or twenty feet, forming quite an imposing collection of monuments, but inscribed with names of small general significance. It was easy, indeed, to ascertain the rank of those who slept below; for in Scotland it is the custom to put the occupation of the buried personage (as "Skinner," "Shoemaker," Flesher") on his tombstone. As another peculiarity, wives are buried under their maiden names, instead of those of their husbands, thus giving a disagreeable impression that the married pair have bidden each other an eternal farewell on the edge of the grave.

There was a foot-path through this crowded churchyard, sufficiently well worn to guide us to the grave of Burns; but a woman followed behind us, who, it appeared, kept the key of the mausoleum, and was privileged to show it to strangers. The monument is a sort of Grecian temple, with pilasters and a dome, covering a space of about twenty feet square. It was formerly open to all the inclemencies of the Scotch atmosphere, but is now protected and shut in by large squares of rough glass, each pane being of the size of one whole side of the structure. The woman unlocked the door, and admitted us into the interior. Inlaid into the floor

Weile aus und erfrischten uns, bevor wir uns auf die Suche nach dem Burns-Mausoleum machten.

Als wir die St. Martins-Kirche erreichten, entdeckten wir einen Mann, der dabei war, ein Grab auszuheben. Er kletterte aus seiner Grube und führte uns auf den Kirchhof, der dicht übersät ist mit Grabsteinen. Deren Form und Machart sind für Schottland eigentümlich, denn sie bestehen aus einer senkrechten Tafel aus Marmor oder einem anderen Stein und einer Umrahmung aus demselben Material, die einem Spiegelrahmen nicht unähnlich ist. Solche Grabsteine erreichen auf diesem Friedhof eine Höhe von zehn, fünfzehn oder zwanzig Fuß und bilden eine recht eindrucksvolle Sammlung von Denkmälern, auch wenn die Namen, die darauf stehen, nur von geringem Interesse sind. Es war aber leicht, den Stand derer zu ermitteln, die darunter ruhten, denn in Schottland ist es üblich, den Beruf des Verstorbenen (zum Beispiel «Kürschner», «Schuhmacher» oder «Fleischer») auf den Grabstein zu schreiben. Eine andere Eigentümlichkeit ist es, Ehefrauen unter ihrem Mädchennamen und nicht dem ihres Mannes zu bestatten, was den unangenehmen Eindruck erweckt, als habe das Ehepaar am Rande des Grabes für immer voneinander Abschied genommen.

Durch diesen dicht belegten Friedhof führte uns ein hinreichend ausgetretener Pfad zum Grab von Burns; aber hinter uns her kam eine Frau, die, wie sich zeigte, den Schlüssel zum Mausoleum hat und berechtigt ist, es Besuchern zu zeigen. Das Grabmal ähnelt einem griechischen Tempel mit Pilastern und einer Kuppel und hat eine Fläche von etwa zwanzig Fuß im Quadrat. Früher war es allen Unbilden der schottischen Witterung ausgesetzt, aber jetzt wird es von Glasscheiben, von denen jede so groß ist wie eine Seite des Bauwerks, umschlossen und geschützt. Die Frau öffnete die Tür und führte uns ins Innere. In den Boden des

of the mausoleum is the gravestone of Burns, – the very same that was laid over his grave by Jean Armour, before this monument was built. Displayed against the surrounding wall is a marble statue of Burns at the plough, with the Genius of Caledonia summoning the ploughman to turn poet. Methought it was not a very successful piece of work; for the plough was better sculptured than the man, and the man, though heavy and cloddish, was more effective than the goddess. Our guide informed us that an old man of ninety, who knew Burns, certifies this statue to be very like the original.

The bones of the poet, and of Jean Armour, and of some of their children, lie in the vault over which we stood. Our guide (who was intelligent, in her own plain way and very agreeable to talk withal) said that the vault was opened about three weeks ago, on occasion of the burial of the eldest son of Burns. The poet's bones were disturbed, and the dry skull, once so brimming over with powerful thought and bright and tender fantasies, was taken away, and kept for several days by a Dumfries doctor. It has since been deposited in a new leaden coffin, and restored to the vault. We learned that there is a surviving daughter of Burns's eldest son, and daughters likewise of the two younger sons, – and, beside these, an illegitimate posterity by the eldest son, who appears to have been of disreputable life in his younger days. He inherited his father's failings, with some faint shadow, I have also understood, of the great qualities which have made the world tender of his father's vices and weaknesses.

We listened readily enough to this paltry gossip, but found that it robbed the poet's memory of some

Mausoleums ist Burns' Grabstein eingelassen, derselbe, den Jean Armour auf sein Grab hatte legen lassen, bevor dieses Mausoleum errichtet wurde. An einer der umgebenden Wände steht eine Marmorskulptur, die Burns am Pflug darstellt, sowie die Verkörperung Caledoniens, die den Pflüger auffordert, Dichter zu werden. Ich fand diese Arbeit kein besonders gelungenes Kunstwerk, denn der Pflug ist besser dargestellt als der Mann, und der Mann, obwohl schwerfällig und bäurisch, ist wirkungsvoller als die Göttin. Unsere Führerin sagte uns, ein Greis von neunzig, der Burns noch kannte, könne bestätigen, dass diese Statue dem Original sehr ähnlich sei.

Die Gebeine des Dichters sowie die von Jean Armour und mehreren ihrer Kinder liegen in der Gruft, über der wir standen. Unsere Führerin (die auf ihre schlichte Weise intelligent war und mit der man sich gut unterhalten konnte) sagte uns, die Gruft sei vor etwa drei Wochen geöffnet worden, als man den ältesten Sohn von Burns beisetzte. Dabei wurden die Gebeine des Dichters freigelegt und der trockene Schädel, der einst von machtvollen Gedanken und strahlenden, zarten Fantasien sprühte, für einige Tage entfernt und einem Arzt in Dumfries überlassen. Inzwischen ist er in einen neuen Bleisarg gebettet und in die Gruft zurückgebracht worden. Wir erfuhren, dass eine Tochter von Burns' ältestem Sohn noch lebt, ebenso Töchter der beiden jüngeren Söhne – und außerdem uneheliche Nachkommen des ältesten Sohnes, der in seinen jungen Jahren anscheinend ein sittenloses Leben führte. Er hatte die Fehler seines Vater geerbt und, wie ich höre, auch einen schwachen Abglanz jener großen Fähigkeiten, die die Welt gegenüber den Fehlern und Schwächen seines Vaters nachsichtig gemacht haben.

Wir hörten uns diese abgeschmackten Geschichten bereitwillig an, fanden aber, dass sie dem Andenken des Dich-

of the reverence that was its due. Indeed, this talk over his grave had very much the same tendency and effect as the home-scene of his life, which we had been visiting just previously. Beholding his poor, mean dwelling and its surroundings, and picturing his outward life and earthly manifestations from these, one does not so much wonder that the people of that day should have failed to recognize all that was admirable and immortal in a disreputable, drunken, shabbily clothed, and shabbily housed man, consorting with associates of damaged character, and, as his only ostensible occupation, gauging the whiskey, which he too often tasted. Siding with Burns, as we needs must, in his plea against the world, let us try to do the world a little justice too. It is far easier to know and honor a poet when his fame has taken shape in the spotlessness of marble than when the actual man comes staggering before you, besmeared with the sordid stains of his daily life. For my part, I chiefly wonder that his recognition dawned so brightly while he was still living. There must have been something very grand in his immediate presence, some strangely impressive characteristic in his natural behavior, to have caused him to seem like a demigod so soon.

Edwin Muir: Burns and Popular Poetry

For a Scotsman to see Burns simply as a poet is almost impossible. Burns is so deeply imbedded in Scottish life that he cannot be detached from it, from what is best and what is worst in it, and regarded as we regard Dunbar or James Hogg or

ters etwas von der Hochachtung nahmen, die ihm zusteht. Ja, dieses Gerede an seinem Grab hatte eine ganz ähnliche Tendenz und Wirkung wie der Ort seines häuslichen Lebens, den wir kurz zuvor besichtigt hatten. Wenn man diese ärmliche, enge Wohnung und ihre Umgebung sieht und sich daraus ein Bild seiner Lebensumstände formt, dann kann es einen nicht wundern, dass seine Zeitgenossen nicht erkannt haben, was an diesem Mann bewunderswert und unsterblich war, einem Mann von schlechtem Ruf, der trank, schäbige Kleidung trug, in einem schäbigen Haus lebte, mit zweifelhaften Leuten verkehrte und dessen einzige erkennbare Tätigkeit darin bestand, den Inhalt von Whiskyfässern zu prüfen, von dem er nur allzu oft kostete. Gewiss müssen wir Burns vor der Welt in Schutz nehmen, aber wir sollten auch versuchen, der Welt ein wenig Gerechtigkeit widerfahren zu lassen. Wie viel leichter ist es doch, einen Dichter wahrzunehmen und zu ehren, wenn sein Ruhm in makellosem Marmor Form angenommen hat, als wenn der Mann selbst dahergeschwankt kommt, hässlich befleckt mit dem Schmutz seines täglichen Lebens. Ich für meinen Teil wundere mich eher darüber, dass er schon zu seinen Lebzeiten so glänzende Anerkennung fand. Seine Gegenwart muss etwas Großartiges, sein Auftreten etwas sonderbar Beeindruckendes gehabt haben, dass er schon so früh wie ein Halbgott erschien.

Edwin Muir: Burns und die Volksdichtung

Für einen Schotten ist es fast unmöglich, Burns einfach als Dichter zu behandeln. Burns ist so tief im Leben Schottlands verwurzelt – in allem, was daran gut und schlecht ist – dass man ihn davon nicht loslösen und ihn so betrachten kann, wie wir Dunbar oder James Hogg oder Walter Scott betrach-

Walter Scott. He is more a personage to us than a poet, more a figurehead than a personage, and more a myth than a figurehead. To those who have heard of Dunbar he is a figure, of course, comparable to Dunbar; but he is also a figure comparable to Prince Charlie, about whom everyone has heard. He is a myth evolved by the popular imagination, a communal poetic creation, a Protean figure; we can all shape him to our own likeness, for a myth is endlessly adaptable; so that to the respectable this secondary Burns is a decent man; to the Rabelaisian, bawdy; to the sentimentalist, sentimental; to the Socialist, a revolutionary; to the Nationalist, a patriot; to the religious, pious; to the self-made man, self-made; to the drinker, a drinker. He has the power of making any Scotsman, whether generous or canny, sentimental or prosaic, religious or profane, more wholeheartedly himself than he could have been without assistance; and in that way perhaps more human. He greases our wheels; we could not roll on our way so comfortably but for him; and it is impossible to judge impartially a convenient appliance to which we have grown accustomed.

But the national poet of Scotland is too conventional a term for him; the poet of the Scottish people is better, for all claim him. And by the people I do not mean merely the ploughman and the factory worker and the grocer's assistant, but the lawyer, the business man, the minister, the bailie – all that large class of Scotsmen who are not very interested in literature, not very cultivated, and know little poetry outside the poetry of Burns. It is these who have fashioned the popular image of Burns; and

ten. Für uns ist er eher eine Persönlichkeit als ein Dichter, eher eine Galeonsfigur als eine Persönlichkeit und eher ein Mythos als eine Galeonsfigur. Wenn jemand schon von Dunbar gehört hat, ist Burns natürlich jemand, den man mit Dunbar vergleichen kann; aber er ist auch jemand, den man mit Prince Charlie vergleichen kann, und von dem hat jeder gehört. Er ist ein Mythos, der aus der Fantasie des Volkes entstanden ist, etwas gemeinsam Erdichtetes, eine proteushafte Gestalt; wir können ihn jeweils nach unserem Ebenbild formen, denn ein Mythos ist ja unendlich anpassungsfähig; und so ist dieses Burns-Abbild für die Sittenstrengen ein anständiger Mensch; für die Rabelais-Freunde ist er zotig; für die Sentimentalen sentimental; für die Sozialisten ein Revolutionär; für die Nationalisten ein Patriot; für die Gläubigen ein frommer Mann; für die Emporkömmlinge einer der Ihren; für die Trinker ein Trinker. Er hat die Fähigkeit, jeden Schotten, sei er freigiebig oder geizig, gefühlvoll oder nüchtern, fromm oder ungläubig, mit sich selbst ganz und gar in Einklang zu bringen und so vielleicht etwas menschlicher zu machen, was ohne seine Hilfe nicht so leicht möglich gewesen wär. Er schmiert unsere Räder, ohne ihn könnten wir nicht so glatt auf unserem Weg dahinrollen. Es ist unmöglich, eine Institution, die so nützlich ist und an die wir uns so gewöhnt haben, unvoreingenommen zu beurteilen.

Aber «schottischer Nationaldichter» ist für ihn eine viel zu konventionelle Bezeichnung; «Dichter des schottischen Volkes» ist schon besser, denn alle nehmen ihn für sich in Anspruch. Und mit dem «Volk» meine ich nicht nur den Mann hinterm Pflug und den Fabrikarbeiter und den Lebensmittelverkäufer, sondern auch den Anwalt, den Geschäftsmann, den Pfarrer, den städtischen Beamten – die zahllosen Schotten also, die sich nicht besonders für Literatur und Kultur interessieren und die kaum ein Gedicht kennen außer den Gedichten von Burns. Es sind Menschen wie diese, die das landläufige

this is what really happens when a poet is taken into the life of a people. He moulds their thoughts and feelings; but they mould his too, sometimes long after he is dead. They make current a vulgarized image of him, and a vulgarized reading of his poetry; they take him into their life, but they also enter into his; and what emerges as the popular picture is a cross between the two. What is good in this bargain is self-evident – that the words and thoughts and feelings of a great poet become the common property of his people. The disadvantages I have tried to describe; they are natural and inevitable; compared to the single great advantage they do not matter very much, unless to those who cannot endure a normal dose of vulgarity. But they exist, and those who are advocating a more popular note in poetry at present should take them into account. For Burns is an object-lesson in what poetic popularity really means – the prime object-lesson in the poetry of the world, perhaps the unique instance.

John Ruskin: Sir Walter Scott

Scott is representative of the mind of his age: and because he is the greatest man born amongst us, and intended for the enduring type of us, all our principal faults must be laid on his shoulders, and he must bear down the dark marks to the latest ages.

Thus, the most startling fault of the age being its faithlessness, it is necessary that its greatest man should be faithless. Nothing is more notable or sorrowful in Scott's mind than its incapacity of steady

Bild von Burns geprägt haben, und das geschieht nur, wenn ein Dichter Eingang in das Leben seines Volkes gefunden hat. Er formt ihre Gedanken und Gefühle, aber umgekehrt formen sie auch ihn, oft noch lange nach seinem Tod. Sie bringen ein stark vereinfachtes Bild von ihm in Umlauf und ein stark vereinfachtes Verständnis seiner Dichtung; sie holen ihn sich in ihr Leben, aber sie greifen auch in sein Leben ein, und die Mischung, die dabei herauskommt, ergibt das landläufige Bild von ihm. Was an diesem Tauschgeschäft gut ist, liegt auf der Hand: die Worte und Gedanken und Empfindungen eines großen Dichters werden zum Gemeingut seines Volkes. Die Nachteile habe ich versucht zu beschreiben; sie sind natürlich und unvermeidbar; aber verglichen mit dem einen großen Vorteil fallen sie nicht weiter ins Gewicht, außer vielleicht für jene, die ein gewisses Maß von Gewöhnlichkeit nicht ertragen können. Solche Leute gibt es aber, und jeder, der meint, die Dichtung unserer Zeit sollte sich volkstümlicher geben, muss mit ihnen rechnen. Burns ist nämlich ein gutes Beispiel dafür, was Volksdichtung wirklich heißt – das beste Beispiel, das es in der Weltliteratur gibt, vielleicht sogar das einzige.

John Ruskin: Sir Walter Scott

Scott repräsentiert den Geist seiner Zeit, und da er der bedeutendste Mensch ist, der je unter uns lebte, dazu ausersehen, uns dauerhaft zu verkörpern, teilt er mit uns auch alle unsere wesentlichen Fehler, und er muss diese Makel bis in alle Ewigkeit tragen.

Da nun der beunruhigendste Fehler unserer Zeit der Unglaube ist, so kann es nicht anders sein, als dass der größte Mann dieser Zeit ohne Glauben ist. Nichts ist auffälliger und beklagenswerter im Denken Scotts als seine Unfähigkeit, an

belief in anything. He cannot even resolve hardily to believe in a ghost, or a water-spirit; always explains them away in an apologetic manner, not believing, all the while, even in his own explanation. He never can clearly ascertain whether there is anything behind the arras but rats; never draws sword, and thrusts at it for life or death; but goes on looking at it timidly, and saying, 'it must be the wind.' he is educated a Presbyterian, and remains one, because it is the most sensible thing he can do if he is to live in Edinburgh. …

The excellence of Scott's work is precisely in proportion to the degree in which it is sketched from present nature. His familiar life is inimitable; his quiet scenes of introductory conversation, as the beginning of *Rob Roy* and *Redgauntlet*, and all his living Scotch characters, mean or noble, from Andrew Fairservice to Jeanie Deans, are simply right, and can never be bettered. … It was necessary that Scott should know nothing of art. He neither cared for painting nor sculpture, and was totally incapable of forming a judgement about them. He had some confused love of Gothic architecture, because it was dark, picturesque, old, and like Nature. … Like all pure moderns, he supposes the Gothic barbarous, notwithstanding his love of it; admires, in an equally ignorant way, totally opposite styles; is delighted with the new town of Edinburgh; mistakes its dullness for purity of taste, and actually compares it, in its deathful formality of street, as contrasted with the rudeness of the old town, to Britomart taking off her armour. Again: as in reverence and irreverence, so in levity and melancholy, we saw that the spirit of the age was strangely interwoven. There-

irgend etwas fest zu glauben. Er kann sich nicht einmal entschließen, unbeirrbar an ein Gespenst oder einen Wassergeist zu glauben; immer erklärt er dergleichen mit Worten der Entschuldigung hinweg und glaubt dabei nicht einmal an seine eigene Erklärung. Nie weiß er ganz genau, ob sich hinter dem Vorhang nicht doch etwas anderes als Ratten verbirgt, nie zieht er das Schwert und stößt auf Leben und Tod zu; sondern er starrt nur ängstlich hin und sagt: «Es ist wohl der Wind.» Er wurde als Presbyterianer erzogen und ist es geblieben, weil es das Vernünftigste war, wenn er in Edinburgh wohnen bleiben wollte …

Scotts Werke sind umso besser, je genauer sie sich bei ihren Schilderungen an die Natur halten. Seine Darstellungen des alltäglichen Lebens sind unübertroffen: die Gespräche seiner ruhigen Eröffnungsszenen wie am Anfang von «Rob Roy» und «Redgauntlet», und all die lebendigen schottischen Charaktere, seien sie niedrig oder hoch gestellt, von Andrew Fairservice bis Jeanie Deans, sind ganz einfach glaubwürdig und könnten unmöglich besser sein … Es war geradezu notwendig, dass Scott nichts von Kunst verstand. Er machte sich nichts aus Bildern und Skulpturen und war nicht imstande, sich dazu ein Urteil zu bilden. Für gotische Architektur hatte er eine gewisse verschwommene Vorliebe, da sie dunkel, malerisch, alt und der Natur ähnlich ist … Wie alle ganz Modernen hält er die Gotik trotz seiner Liebe zu ihr für barbarisch; bewundert in ähnlich unwissender Weise völlig gegensätzliche Stile; begeistert sich für die Neustadt von Edinburgh; hält ihre Einförmigkeit irrtümlich für Reinheit des Geschmacks und vergleicht sie mit ihrer tödlichen Formstrenge der Straßenzüge, indem er diese dem Gewirr der Altstadt gegenüberstellt, sogar mit Britomart, die ihre Rüstung ablegt. Noch einmal: wir haben gesehen, dass sich im Geist dieser Zeit Ehrerbietung und Respektlosigkeit, Leichtigkeit und Schwermut auf sonderbare Weise mischten. Daher ist es

fore, also, it is necessary that Scott should be light, careless, unearnest, and yet eminently sorrowful. Throughout all his work there is no evidence of any purpose but to while away the hour. His life had no other object than the pleasure of the instant, and the establishing of a family name. All his thoughts were, in their outcome and end, less than nothing, and vanity. And yet, of all poetry that I know, none is so sorrowful as Scott's. Other great masters are pathetic in a resolute and predetermined way, when they choose; but, in their own minds, are evidently stern, or hopeful, or serene; never really melancholy. Even Byron is rather sulky and desperate than melancholy; Keats is sad because he is sickly; Shelley because he is impious; but Scott is inherently and consistently sad. Around all his power, and brightness, and enjoyment of eye and heart, the faraway Aeolian knell it for ever sounding; there is not one of those loving or laughing glances of his but it is brighter for the film of tears; his mind is like one of his own hill rivers, – it is white, and flashes in the sun fairly, careless, as it seems, and hasty in its going, but

> Far beneath, where slow they creep
> From pool to eddy, dark and deep,
> Where alders moist, and willows weep,
> You hear her streams repine.

Life begins to pass from him very early; and while Homer sings cheerfully in his blindness, and Dante retains his courage, and rejoices in hope of Paradise, through all his exile, Scott, yet hardly past his youth, lies pensive in the sweet sunshine and among the harvests of his native hills.

folgerichtig, dass Scott leicht, sorglos, unernst ist und gleichzeitig doch von tiefem Schmerz erfüllt. Nirgendwo in seinem Werk gibt es Anzeichen dafür, dass er etwas anderes angestrebt hätte als Zeitvertreib. Sein Leben kannte keinen anderen Zweck, als den Augenblick zu genießen und sich einen Namen zu machen. All seine Gedanken waren in ihrem Ergebnis weniger als nichts, nur eitel. Und doch kenne ich keine andere Dichtung, die so von Trauer erfüllt ist wie die Scotts. Andere große Meister können, wenn sie es wollen, auf überlegte Weise Schmerz äußern, aber man merkt, dass sie in ihrem Innersten ernst oder hoffnungsvoll oder gelassen sind, jedoch nie wirklich schwermütig. Sogar Byron ist eher verstimmt und verzweifelt als schwermütig; Keats ist traurig, weil er krank ist, Shelley, weil er nicht an Gott glaubt; aber Scott ist seinem Wesen nach und zu allen Zeiten traurig. Bei all seiner Kraft und Helligkeit und Freude von Auge und Herz hört man von fern stets das Totenglöckchen im Wind; jeder seiner liebevollen oder heiteren Blicke wirkt leuchtender aufgehellt durch einen Tränenschleier; sein Geist gleicht einem seiner Gebirgsbäche, er schäumt und funkelt im Sonnenlicht, scheinbar unbeschwert und hurtig dahinsprudelnd, aber

> Far beneath, where slow they creep
> From pool to eddy, dark and deep,
> Where alders moist, and willows weep,
> You hear her streams repine.

Schon früh beginnt das Leben sich von ihm zurückzuziehen, und während Homer trotz seiner Blindheit unverzagt singt und Dante den Mut nicht verliert und auf das Paradies hofft, legt sich Scott, obwohl kaum über die Jahre seiner Jugend hinaus, gedankenverloren in die milde Sonne, umgeben vom Herbst seiner heimatlichen Berge.

J. M. Barrie: R. L. S.

These familiar initials are, I suppose, the best beloved in recent literature, certainly they are the sweetest to me, but here was a time when my mother could not abide them. She said 'That Stevenson man' with a sneer, and it was never easy to her to sneer. At thought of him her face would become almost hard, which seems incredible, and she would knit her lips and fold her arms, and reply with a stiff 'oh' if you mentioned his aggravating name. In the novels we have a way of writing of our heroine, 'she drew herself up haughtily,' and when mine drew themselves up haughtily I see my mother thinking of Robert Louis Stevenson. He knew her opinion of him, and would write, 'My ears tingled yesterday; I sair doubt she has been miscalling me again.' But the more she miscalled him the more he delighted in her, and she was informed of this, and at once said, 'The scoundrel!' If you would know what was his unpardonable crime, it was this: he wrote better books than mine.

I remember the day she found it out, which was not, however, the day she admitted it. That day, when I should have been at my work, she came upon me in the kitchen, 'The Master of Ballantrae' beside me, but I was not reading: my head lay heavy on the table, and to her anxious eyes, I doubt not, I was the picture of woe. 'Not writing!' I echoed, no, I was not writing, I saw no use in ever trying to write again. And down, I suppose, went my head once more. She misunderstood, and thought the blow had fallen; I had awakened to the discovery, always dreaded by her, that I had written

J. M. Barrie: R. L. S.

Diese vertrauten Initialen sind vermutlich die beliebtesten in der neueren Literatur, zumindest mir sind sie besonders teuer, aber es gab eine Zeit, da konnte meine Mutter sie nicht ausstehen. «Dieser Stevenson» nannte sie ihn verächtlich, und Verachtung ist ihr nie leicht gefallen. Es ist kaum zu glauben, aber bei dem Gedanken an ihn versteinerte ihr Gesicht jedesmal, und sie kräuselte die Lippen, verschränkte die Arme und gab ein knappes «Oh» von sich, wenn jemand diesen anstößigen Namen erwähnte. In Romanen sagen wir von unserer Heldin gern, sie habe sich «hochmütig aufgerichtet», und wenn sie sich in meinen Romanen hochmütig aufrichtet, dann sehe ich immer meine Mutter vor mir, wie sie an Robert Louis Stevenson denkt. Er wusste, was sie von ihm hielt, und schrieb einmal: «Gestern klangen mir die Ohren. Sicherlich hat sie wieder über mich gewettert.» Und je mehr sie über ihn wetterte, desto mehr mochte er sie, aber als man ihr das sagte, erwiderte sie sofort: «Dieser Lump!» Und wenn Sie wissen wollen, worin sein unverzeihliches Verbrechen bestand: er schrieb bessere Bücher als ich.

Ich kann mich noch an den Tag erinnern, an dem ihr das klar wurde (was aber nicht der Tag war, an dem sie das auch eingestand). An diesem Tag traf sie mich, als ich eigentlich bei der Arbeit hätte sein sollen, in der Küche an, neben mir «Der Erbe von Ballantrae». Aber ich las nicht darin, mein Kopf lag schwer auf dem Küchentisch, und zweifellos bot ich ihrem besorgten Blick ein Bild des Jammers. «Nicht am Schreibtisch!» bestätigte ich, nein, ich säße nicht am Schreibtisch, denn ich fände es sinnlos, je wieder schreiben zu wollen. Und dann ließ ich meinen Kopf vermutlich wieder fallen. Sie verstand das falsch und glaubte, das Schicksal habe zugeschlagen, wie sie es schon immer befürchtet hatte, ich hätte

myself dry; I was no better than an empty ink-bottle. She wrung her hands, but indignation came to her with my explanation, which was that while R. L. S. was at it we others were only 'prentices cutting our fingers on his tools. 'I could never thole his books,' said my mother immediately, and indeed vindictively.

'You have not read any of them,' I reminded her.

'And never will,' said she with spirit.

And I have no doubt that she called him a dark character that very day. For weeks too, if not for months, she adhered to her determination not to read him, though I, having come to my senses and seen that there is a place for the 'prentice, was taking a pleasure, almost malicious, in putting 'The Master of Ballantrae' in her way. I would place it on her table so that it said good-morning to her when she rose. She would frown, and carrying it downstairs, as if she had it in the tongs, replace it on its bookshelf. I would wrap it up in the cover she had made for the latest Carlyle: she would skin it contemptuously and again bring it down. I would hide her spectacles in it, and lay it on the top of the clothes-basket and prop it up invitingly open against her tea-pot. And at last I got her, though I forget by which of many contrivances. What I recall vividly is a key-hole view, to which another member of the family invited me. Then I saw my mother wrapped up in 'The Master of Ballantrae' and muttering the music to herself, nodding her head in approval, and taking a stealthy glance at the foot of each page before she began at the top. Nevertheless she had an ear for the door, for when I bounced in she had been

entdeckt, dass ich mich leergeschrieben hätte und nicht mehr wert sei als ein leeres Tintenfass. Zuerst rang sie die Hände, aber als ich ihr erklärte, dass wir alle, so lange R. L. S. am Wirken sei, nur Lehrlinge seien, die sich an den Werkzeugen des Meisters die Finger schnitten, da kam Zorn über sie. «Ich hab seine Bücher nie ausstehen können!» sagte meine Mutter augenblicklich und geradezu bösartig.

«Aber du hast doch noch keins von ihnen gelesen», erinnerte ich sie.

«Und das werde ich auch nie!» antwortete sie mit Nachdruck.

Ich glaube fest, dass sie ihn von Stund an für einen finsteren Gesellen hielt. Viele Wochen, vielleicht sogar Monate lang blieb sie bei ihrem Entschluss, nichts von ihm zu lesen, obwohl ich, nachdem ich wieder zu Verstand gekommen war und eingesehen hatte, dass es auch für Lehrlinge einen Platz gibt, ihr immer wieder mit geradezu boshafter Freude «Der Erbe von Ballantrae» in den Weg gelegt hatte. Mal legte ich das Buch auf ihren Tisch, so dass es ihr beim Aufstehen «Guten Morgen» sagen würde. Sie machte ein finsteres Gesicht, trug das Buch wie mit der Feuerzange nach unten und stellte es wieder ins Regal. Ein andermal machte ich die Buchhülle darum, die sie für den neuesten Carlyle angefertigt hatte, aber verachtungsvoll streifte sie sie ab und trug das Buch nach unten. Dann wieder versteckte ich ihre Brille darin oder legte es auf den Wäschekorb oder lehnte es einladend an ihre Teekanne. Endlich aber kriegte ich sie doch, obwohl ich nicht mehr weiß, mit welchem Winkelzug. Ich erinnere mich aber genau an einen Blick durchs Schlüsselloch, zu dem mich ein anderes Familienmitglied herbeigeholt hatte. Da sah ich meine Mutter in «Der Erbe von Ballantrae» vertieft, wie sie Satzmelodien vor sich hinmurmelte, beifällig nickte und verstohlen auf das Ende jeder Seite sah, bevor sie oben begann. Trotzdem horchte sie zur Tür hin, denn als ich

too clever for me; there was no book to be seen, only an apron on her lap, and she was gazing out at the window. Some such conversation as this followed:

'You have been sitting very quietly, mother.'

'I always sit quietly, I never do anything, I'm just a finished stocking.'

'Have you been reading?'

'Do I ever read at this time of day?'

'What is that in your lap?'

'Just my apron.'

'It that a book beneath the apron?'

'It might be a book.'

'Let me see.'

'Go away with you to your work.'

But I lifted the apron. 'Why, it's The Master of Ballantrae!' I exclaimed, shocked.

'So it is!' said my mother, equally surprised. But I looked sternly at her, and perhaps she blushed.

'Well, what do you think: not nearly equal to mine?' said I with humour.

'Nothing like them,' she said determinedly.

'Not a bit,' said I, though whether with a smile or a groan is immaterial; they would have meant the same thing. Should I put the book back on its shelf? I asked, and she replied that I could put it wherever I liked for all she cared, so long as I took it out of her sight (the implication was that it had stolen on to her lap while she was looking out at the window). My behaviour may seem small, but I gave her a last chance, for I said that some people found it a book there was no putting down until they reached the last page.

'I'm no that kind,' replied my mother.

Nevertheless our old game with the haver of a

hereingestürmt kam, fand ich mich überlistet: Da war kein Buch zu sehen, nur eine Schürze auf ihrem Schoß, und sie sah zum Fenster hinaus. Es folgte ungefähr dieser Dialog:

«Du sitzt ja so still da, Mutter.»

«Ich sitze immer still da, ich tue nie etwas, ich bin nur ein alter Strumpf.»

«Hast du gelesen?»

«Seit wann lese ich denn um diese Tageszeit?»

«Und was hast du da auf dem Schoß?»

«Nur meine Schürze.»

«Ist das ein Buch unter deiner Schürze?»

«Kann sein.»

«Lass mal sehen.»

«Geh lieber an deine Arbeit.»

Aber ich hob die Schürze an. «Nanu, das ist ja ‹Der Erbe von Ballantrae›!» rief ich erschrocken aus.

«Stimmt», sagte meine Mutter ebenso verdutzt. Ich sah sie streng an, und vielleicht ist sie rot geworden.

«Nun, was denkst du? Bei weitem nicht mit meinen zu vergleichen?» fragte ich gutmütig.

«Gar kein Vergleich», sagte sie entschieden.

«Nein, wirklich nicht», bestätigte ich – ob lächelnd oder seufzend, spielt keine Rolle, es wäre auf dasselbe hinausgekommen. Ob ich das Buch wieder ins Regal stellen solle, fragte ich, worauf sie erwiderte, von ihr aus könne ich es stellen, wohin ich wolle, wenn sie es nur nicht mehr sehen müsse (was ja so viel hieß wie dass ihr das Buch heimlich auf den Schoß gekrochen sei, während sie zum Fenster hinaussah). Vielleicht war es gemein von mir, aber ich gab ihr noch eine Chance, indem ich ihr sagte, manche Leute hielten es für ein Buch, das man erst nach der letzten Seite aus der Hand legen könne.

«Zu denen gehöre ich nicht», entgegnete meine Mutter.

Doch wir setzten unser altes «Wer hat das Ding»-Spiel,

thing, as she called it, was continued, with this difference, that it was now she who carried the book covertly upstairs, and I who replaced it on the shelf, and several times we caught each other in the act, but not a word said either of us; we were grown self-conscious. Much of the play no doubt I forget, but one incident I remember clearly. She had come down to sit beside me while I wrote, and sometimes, when I looked up, her eye was not on me, but on the shelf where 'The Master of Ballantrae' stood inviting her. Mr. Stevenson's books are not for the shelf, they are for the hand; even when you lay them down, let it be on the table for the next comer. Being the most sociable that man has penned in our time, they feel very lonely up there in a stately row. I think their eye is on you the moment you enter the room, and so you are drawn to look at them, and you take a volume down with the impulse that induces one to unchain a dog. And the result is not dissimilar, for in another moment you two are at play. Is there any other modern writer who gets round you in this way? Well, he had given my mother the look which in the ballroom means, 'Ask me for this waltz,' and she ettled to do it, but felt that her more dutiful course was to sit out the dance with this other less entertaining partner. I wrote on doggedly, but could hear the whispering. …

'The Master of Ballantrae' is not the best. Conceive the glory, which was my mother's, of knowing from a trustworthy source that there are at least three better awaiting on the same shelf. She did not know Alan Breck yet, and he was as anxious to step down as Mr. Bally himself. John Silver was

wie sie es nannte, fort mit dem einen Unterschied, dass sie es jetzt war, die das Buch heimlich nach oben trug, während ich es wieder ins Regal stellte. Mehrmals erwischten wir einander dabei, aber keiner sagte ein Wort, wir waren wohl ein bisschen verlegen. Vieles von unserem Spiel habe ich vergessen, aber an einen Vorfall erinnere ich mich genau. Sie war nach unten gekommen, um mir Gesellschaft zu leisten, während ich schrieb, und wenn ich ab und zu aufblickte, ruhte ihr Auge nicht auf mir, sondern auf dem Regal, wo «Der Erbe von Ballantrae» stand und sie einladend ansah. Mr. Stevensons Bücher sind nicht fürs Regal, sondern für die Hand. Selbst wenn man sie beiseite legt, sollte man sie für den nächsten, der vorbeikommt, auf dem Tisch lassen. Sie sind das Geselligste, was in unserer Zeit geschrieben worden ist, und fühlen sich deshalb in einer Reihe von Prachtausgaben ganz verloren. Ich glaube, sie sehen einen an, sobald man den Raum betritt, so dass man den Blick unwillkürlich erwidert, und so wie man einer inneren Stimme folgend den Hund von der Leine lässt, nimmt man sich dann einen Band aus dem Regal. Das Ergebnis ist ähnlich: schon im nächsten Augenblick tollt man miteinander herum. Gibt es einen zweiten modernen Schriftsteller, der einen so in seinen Bann zieht? Nun, meiner Mutter hatte er einen Blick zugeworfen, der in einem Ballsaal soviel bedeutet wie «Fordere mich bitte zu diesem Walzer auf», und es juckte sie, ihm Folge zu leisten, aber sie hielt es für ihre Pflicht, diesen Tanz mit dem anderen, weniger unterhaltsamen Partner auszusitzen. Verbissen schrieb ich weiter, aber ich konnte ihr Getuschel hören …

«Der Erbe von Ballantrae» ist nicht sein bester Roman. Man stelle sich das Entzücken meiner Mutter vor, als sie aus zuverlässiger Quelle erfuhr, dass es mindestens noch drei bessere gibt, die im selben Regal auf sie warteten. Sie kannte Alan Breck noch nicht, der genauso begierig darauf war herunterzukommen wie Mr. Bally. John Silver war da und

there, getting into his leg, so that she should not have to wait a moment, and roaring, 'I'll lay to that!' when she told me consolingly that she could not thole pirate stories. Not to know these gentlemen, what is it like? It is like never having been in love. But they are in the house! That is like knowing that you will fall in love to-morrow morning. With one word, by drawing one mournful face, I could have got my mother to abjure the jam-shelf – nay, I might have managed it by merely saying that she had enjoyed 'The Master of Ballantrae.' For you must remember that she only read it to persuade herself (and me) of its unworthiness, and that the reason she wanted to read the others was to get further proof. All this she made plain to me, eyeing me a little anxiously the while, and of course I accepted the explanation. Alan is the biggest child of them all, and I doubt not that she thought so, but curiously enough her views of him are among the things I have forgotten. But how enamoured she was of 'Treasure Island,' and how faithful she tried to be to me all the time she was reading it! I had to put my hands over her eyes to let her know that I had entered the room, and even then she might try to read between my fingers, coming to herself presently, however, to say 'It's a haver of a book.'

'Those pirate stories are so uninteresting,' I would reply without fear, for she was too engrossed to see through me. 'Do you think you will finish this one?' …

I remember how she read 'Treasure Island,' holding it close to the ribs of the fire (because she could not spare a moment to rise and light the gas), and how, when bed-time came, and we coaxed, re-

schnallte sich sein Holzbein an, damit sie keinen Augenblick warten müsse, und brüllte «Darauf wette ich!», als sie, um mich zu trösten, sagte, sie könne Seeräubergeschichten nicht ausstehen. Wie ist das wohl, wenn man diese Herren nicht kennt? Es ist so, als wäre man nie verliebt gewesen. Dabei sind sie doch im Haus! Und das ist so, als wüsste man, dass man sich morgen früh verlieben wird. Mit einem Wort, ich hätte nur eine Trauermiene aufsetzen müssen, um meine Mutter dazu zu bringen, vom Marmeladenregal abzulassen – nein, es hätte schon genügt zu behaupten, «Der Erbe von Ballantrae» habe ihr gefallen. Denn man darf nicht vergessen, dass sie dieses Buch ja nur gelesen hatte, um sich (und mich) von seinem Unwert zu überzeugen, und dass sie die andern nur lesen wollte, um dafür weitere Belege zu erhalten. Alles das setzte sie mir auseinander, während sie mir besorgte Blicke zuwarf, und ich nahm ihre Erklärungen selbstverständlich an. Alan ist das größte Kind von allen, und zweifellos dachte sie auch so, aber merkwürdigerweise kann ich mich nicht erinnern, was sie von ihm hielt. Aber wie sehr liebte sie «Die Schatzinsel», und wie bemühte sie sich, zu mir zu halten, wähend sie dieses Buch las. Ich musste ihr die Augen zuhalten, damit sie merkte, dass ich ins Zimmer gekommen war, und auch dann versuchte sie manchmal noch, zwischen meinen Fingern hindurch weiterzulesen, aber wenn sie dann zu sich kam, sagte sie: «Was für ein unsinniges Buch!»

«Diese Seeräubergeschichten sind wirklich langweilig», sagte ich dann dreist, denn sie war zu sehr davon gefangen, um mich zu durchschauen. «Meinst du denn, dass du dieses beenden wirst?»

Ich weiß noch, wie sie «Die Schatzinsel» beim Lesen dicht ans Kaminfeuer hielt, weil sie keinen Augenblick damit verlieren wollte, aufzustehen und das Gaslicht anzuzünden, und wie sie, als die Schlafenszeit kam und wir lange gefeilscht,

monstrated, scolded, she said quite fiercely, clinging to the book, 'I dinna lay my head on a pillow this night till I see how that laddie got out of the barrel.' …

At times … some podgy, red-sealed, blue-crossed letter arrived from Vailima, inviting me to journey thither. (His directions were, 'You take the boat at San Francisco, and then my place is the second to the left.') Even London seemed to her to carry me so far away that I often took a week to the journey (the first six days in getting her used to the idea), and these letters terrified her. It was not the finger of Jim Hawkins she now saw beckoning me across the seas, it was John Silver, waving a crutch. Seldom, I believe, did I read straight through one of these Vailima letters; when in the middle I suddenly remembered who was upstairs and what she was probably doing, and I ran to her, three steps at a jump, to find her, lips pursed, hands folded, a picture of gloom.

'I have a letter from –'

'So I have heard.'

'Would you like to hear it?'

'No.'

'Can you not abide him?'

'I canna thole him.'

'Is he a black?'

'He is all that.'

Well, Vailima was the one spot on earth I had any great craving to visit, but I think she always knew I would never leave her. Sometime, she said, she should like me to go, but not until she was laid away. 'And how small I have grown this last winter. Look at my wrists. I canna be long now.' No, I never

gemahnt und geschimpft hatten, sich an das Buch klammerte und mit aller Entschiedenheit sagte: «Ich lege mich erst in die Kissen, wenn ich weiß, wie dieses Bürschchen aus dem Fass herauskommt.»...

Manchmal kam ein dicker Brief mit roten Siegeln und einem blauen Kreuz aus Vailima, der mich einlud, die Reise dorthin zu machen. (Seine Anweisung lautete: «Du nimmst das Schiff in San Francisco, und meine Insel ist dann die zweite links.») Schon wenn ich nach London fuhr, kam es ihr so vor, als würde ich in weite Ferne entführt, so dass ich bis zu meiner Abreise oft eine Woche brauchte (die ersten sechs Tage dafür, sie an den Gedanken zu gewöhnen), aber diese Briefe machten ihr richtig Angst. Es war nicht der Finger von Jim Hawkins, der mich da übers Meer heranwinkte, es war John Silver, der seine Krücke schwang. Selten habe ich einen dieser Briefe aus Vailima in einem durchgelesen. Nach der Hälfte fiel mir plötzlich ein, wer ja noch im Haus war und was sie vermutlich gerade tat, und ich rannte hinauf zu ihr, drei Stufen auf einmal nehmend. Da saß sie dann, die Lippen gespitzt, die Hände gefaltet, ein Bild des Grolls.

«Ich habe gerade einen Brief von ...»

«Das habe ich gehört.»

«Möchtest du hören, was drin steht?»

«Nein.»

«Kannst du ihn denn nicht leiden?»

«Ich kann ihn nicht ausstehen.»

«Ist er solch ein Halunke?»

«Das ist er.»

Wenn es einen Ort auf Erden gab, den ich gerne besucht hätte, dann war es Vailima, aber ich glaube, sie wusste genau, dass ich sie nie verlassen würde. Irgendwann, sagte sie, sollte ich ruhig hinfahren, aber erst, wenn sie in der Erde ruhte. «Und wie bin ich im letzten Winter geschrumpft. Sieh dir meine Handgelenke an. Jetzt dauerts nicht mehr lange mit

thought of going, was never absent for a day or two from her without reluctance, and never walked so quickly as when I was going back. In the meantime that happened which put an end for ever to my scheme of travel. I shall never go up the Road of Loving Hearts now, on a 'wonderful clear night of stars,' to meet the man coming toward me on a horse. It is still a wonderful clear night of stars, but the road is empty. So I never saw the dear king of us all. But before he had written books he was in my part of the country with a fishing-wand in his hand, and I like to think that I was the boy who met him that day by Queen Margaret's burn, where the rowans are, and busked a fly for him, and stood watching, while his lithe figure rose and fell as he cast and hinted back from the crystal waters of Noran-side.

George Bernard Shaw: J. M. Barrie

Barrie had that queer Scottish quality of likeability that seems to be quite independent of anything specially endearing in Scottish conduct ... Barrie had none of the Caledonian vices: he was not envious, nor greedy, nor jealous, nor sensitively egotistical, nor quarrelsome, nor drunken, nor a begetter of illegitimate children. It is possible to like a Scot who has all these failings; but in Barrie's case there was nothing to forgive: one liked him not only for his books and plays but because there was not the smallest reason for disliking him unless you disliked Scots as such ... His plays and books must have made people happy; yet he was, as far as can

mir.» Nein, ich dachte nie daran hinzufahren, zögerte stets, sie länger als ein, zwei Tage allein zu lassen und ging auf dem Nachhauseweg immer besonders schnell. Währenddessen trat das ein, was meinen Reiseplänen ein für allemal ein Ende setzte. Nun werde ich nie in einer «wundersam klaren Sternennacht» die Straße der liebenden Herzen hinaufgehen, um den Mann zu treffen, der mir zu Pferd entgegenkommt. Es ist zwar immer noch eine wundersam klare Sternennacht, aber die Straße ist leer. Ich habe also den, der unser aller König war, nie gesehen. Aber bevor er anfing, Bücher zu schreiben, war er einmal mit einer Angelrute in der Hand in dem Teil des Landes, wo ich lebte, und ich stelle mir gerne vor, dass ich der Junge war, der ihm am Queen Margaret-Brunnen begegnete, wo die Ebereschen stehen, und der für ihn eine Fliege fing und dann zusah, wie seine schlanke Gestalt sich reckte und dann beugte, als er die Leine auswarf und einholte an den kristallnen Wassern von Noranside.

George Bernard Shaw: J.M. Barrie

Barrie war liebenswert, und zwar auf diese eintümlich schottische Weise, die völlig unabhängig zu sein scheint von irgendwelchen besonders sympathischen schottischen Verhaltensweisen … Barrie besaß keine der kaledonischen Untugenden: er war weder neidisch noch habgierig, weder eifersüchtig noch überempfindlich, weder streit- noch trunksüchtig und auch kein Vater unehelicher Kinder. Es ist möglich, einen Schotten zu mögen, der alle diese Fehler hat, aber in Barries Fall gab es nichts, das man ihm nachsehen musste: man hatte ihn nicht nur seiner Bücher und Stücke wegen gern, sondern weil es nicht den geringsten Grund gab, ihn nicht zu mögen, es sei denn, man hätte überhaupt etwas gegen Schotten gehabt … Seine Theaterstücke und Bücher müssen die Menschen glück-

be guessed, not much more of an optimist than Calvin. This may account partly for the sterility of his later years; for he was not lazy, and if he had found anything delightful to say he would certainly have said it.

Christian Miller: Ghosts

When I was a little girl, the ghosts were more real to me than the people. The people were despotic and changeable, governing my world with a confusing and alarming inconstancy. The ghosts, on the other hand, could be relied on to go about their haunting in a calm and orderly manner. Bearded or bewigged, clad in satin or velvet or nunlike drapery, they whispered their way along the dark corridors of the castle where I was born and spent the first ten years of my life, rarely interfering with or intruding on the lives of the living.

My mother couldn't understand why the servants were frightened of the ghosts. Sitting in the sunny bow window of the Big Drawing Room, she would watch yet another maid – scanty possessions stuffed into a carpet-bag – fleeing down the drive that led through towering beech trees to the main road, and murmur sadly.

'I can never get them to understand that the ghosts won't *hurt* them. If only they'd just ask the poor things what they *want*.' And she would sigh, and bend her head again over her petit point. She was working on a set of covers for the dining-room chairs, a Sisyphean task, for even if she had completed the full set of twenty-four – which she never

lich gemacht haben, dennoch war er, soweit man das sagen kann, so wenig ein Optimist wie Calvin. Vielleicht erklärt das, warum er in seinen späteren Jahre nicht mehr schöpferisch war, denn faul war er ja nicht, und wenn er etwas Erfreuliches zu sagen gehabt hätte, dann hätte er es gewiss gesagt.

Christian Miller: Geister

Als ich ein kleines Mädchen war, hielt ich Geister für wirklicher als Menschen. Die Menschen waren despotisch und wankelmütig und regierten meine Welt mit verwirrender und beängstigender Unbeständigkeit. Auf die Geister dagegen war Verlass, sie spukten auf stille und ordentliche Weise. Ob sie nun Bart oder Perücke trugen, in Seide, Samt oder Nonnentracht gekleidet waren, sie bewegten sich wispernd durch die dunklen Korridore des Schlosses, in dem ich zur Welt kam und die ersten zehn Jahre meines Lebens verbrachte, und nur selten griffen sie in das Leben der Lebendigen ein.

Meine Mutter konnte gar nicht verstehen, warum sich das Dienstpersonal vor den Geistern fürchtete. Nicht selten saß sie im sonnigen Erkerfenster des Großen Salons und murmelte traurig, wenn sie sah, wie abermals ein Hausmädchen, seine paar Habseligkeiten in eine Stofftasche gestopft, die Auffahrt hinunter floh, die zwischen riesigen Buchen zur Landstraße führte.

«Ich kann ihnen einfach nicht begreiflich machen, dass die Geister ihnen nichts zuleide tun. Wenn sie die Ärmsten doch nur fragen würden, was sie wünschen.» Und dann seufzte sie und beugte sich wieder über ihre Stickerei. Sie arbeitete an einem Bezug für einen der Esszimmerstühle, was eine Sisyphusarbeit war, denn auch wenn sie alle vierundzwanzig Bezüge fertiggestellt hätte (was ihr nie gelang),

succeeded in doing – by the time the last was done the first cover would have worn out, and she would have been compelled to start all over again.

Her concentration on her needlework was probably not helped by the fact that she had six ebullient children – known, in pairs, as the Girls, the Boys, and the Children. I was the younger Child, the last of her family. The Boys were sent to school in England when they were about eight, and the Girls when they were thirteen, so during most of my childhood they were home only during the long school holidays – four weeks in the winter, three weeks at Easter, eight weeks in the summer. But we Children – myself and a sister three years older – were, during all our years in the castle, too young to be sent away to school. Whether it was termtime or holidays, we lived in the castle, and it was dinned into us that if we found ourselves face to face with a ghost we must ask it what it wanted. 'They only haunt because they're worried, poor things,' my mother would explain in her soft voice. 'Ask them if there is anything you can *do* for them. And for goodness' sake don't be frightened. After all, they're all your ancestors – whatever is there to be frightened of?'

So, as a child, I was never scared of the ghosts. But I didn't go out of my way to meet them, either. I respected their privacy, and they mine.

There were four chief ghosts in the castle. The quietest was an old man in a velvet coat, who used to sit reading in the library; he was so peaceful that one could be in the room for several minutes without even noticing that he was there, but as soon as one did notice he would softly vanish, fading into the leather upholstery. The woman in a long grey

wäre der erste schon wieder durchgescheuert gewesen, sobald sie mit dem letzten fertig war, und sie hätte von neuem anfangen müssen.

Dass sie sechs lebhafte Kinder hatte, erleichterte es ihr nicht gerade, sich auf die Stickereien zu konzentrieren. Die Kinder wurden paarweise bezeichnet als «die Mädchen», «die Jungen» und «die Kinder». Ich war das jüngere der «Kinder» und die Kleinste in der Familie. Die «Jungen» wurden im Alter von etwa acht Jahren nach England in ein Internat geschickt, und die «Mädchen» mit dreizehn, so dass sie während meiner Kindheit immer nur in den großen Ferien zu Hause waren – vier Wochen im Winter, drei Wochen an Ostern und acht Wochen im Sommer. Aber wir «Kinder», ich und meine drei Jahre ältere Schwester, waren, so lange wir im Schloss lebten, noch zu klein, um in ein Internat geschickt zu werden. Ob Schulzeit oder Ferien, wir wohnten im Schloss, und es wurde uns eingebleut, dass wir, wenn wir wirklich einem Geist begegneten, ihn fragen sollten, was er wünsche. «Sie gehen doch nur um, weil irgend etwas sie bedrückt, die Ärmsten», erklärte uns Mutter mit ihrer sanften Stimme. «Fragt sie, ob ihr etwas für sie tun könnt. Und um Himmels willen, habt keine Angst. Schließlich sind sie allesamt eure Vorfahren, warum sollte man da Angst haben?»

Als Kind habe ich mich daher nie vor Geistern gefürchtet. Aber ich habe mich auch nicht gerade bemüht, ihnen zu begegnen. Ich ließ sie in Ruhe, und sie mich.

Es gab in der Hauptsache vier Geister in unserem Schloss. Der stillste war ein alter Mann in einem Samtanzug, der stets in der Bibliothek saß und las; er war so friedlich, dass man minutenlang in dem Raum sitzen konnte, ohne seine Anwesenheit zu bemerken, aber sobald man ihn dann bemerkte, löste er sich ganz sachte auf und verschwand im Ledersessel. Die Frau im langen grauen Kleid war genauso harmlos; ihr Ge-

dress was just as untroublesome; her face half covered with a sort of bandage similar to that worn by some orders of nuns, she would come through the wall-cupboard of the nursery and bend over the babies in their cradles, like a nurse checking to see if her charges were sleeping peacefully. Equally unobtrusive was the woman who regularly crossed one of the upper rooms of the tower and vanished into a loft; her only fault was that she did not know that since her time the room had been converted into a bathroom, and her sudden appearance sometimes unnerved male guests who, surprised in the bath, were almost relieved to discover that the woman who had entered was only a spectre. Far from quiet, however, was the red-haired young man on the stairs. He was a ghost who loved parties, and he could be relied on to turn up whenever there was festivity. Ceremonial evening dress for men having changed hardly at all for at least a hundred years, his appearance in kilt, sporran trimmed with ermine-tails, lace-edged shirt and silver-buttoned jacket, excited no particular comment among the merrymakers. It was only when some elderly woman guest would petulantly ask my mother to tell 'the young man with the red beard' not to push past people on the stairs that my mother would know he was out again. But anyone who slept in the tower could hear him on non-party nights as well, laughing and joking with his friends as he ran lightly up and down the steep spiral stairs. Often, after I was promoted from the nursery to a room in the tower, I would lie awake in the dark, with the blanket pulled high under my chin, listening to the ghosts. But I never could make out what it was that they said.

sicht war zur Hälfte von einer Art Bandagen verhüllt, wie sie manche Ordensschwestern tragen. Sie kam für gewöhnlich aus dem Wandschrank im Kinderzimmer und beugte sich über die Babys in ihrer Wiege, so wie eine Kinderschwester, die nachsieht, ob ihre Schützlinge auch friedlich schlummern. Ebenso unaufdringlich war die Frau, die regelmäßig eines der oberen Turmzimmer durchquerte und dann im Dachboden verschwand. Ihr einziger Fehler war, dass sie nicht wusste, dass man seit ihrer Zeit aus diesem Raum ein Badezimmer gemacht hatte, und ihr plötzliches Auftauchen versetzte männliche Gäste manchmal in Aufregung, wenn sie von ihr im Bad überrascht wurden, und sie waren dann geradezu erleichtert zu erfahren, dass es sich bei der Frau, die hereingekommen war, nur um einen Geist handelte. Alles andere als ruhig war dagegen der junge rothaarige Mann auf der Treppe. Er war ein Geist, der Gesellschaften liebte, und man konnte gewiss sein, dass er bei allen Feiern auftauchen würde. Da sich die festliche Abendkleidung für Herren seit mindestens hundert Jahren kaum verändert hat, gab sein Erscheinen in Kilt, Sporran mit Hermelinschwänzen, Rüschenhemd und Jackett mit Silberknöpfen unter den Festgästen weiter keinen Anlass zu Kommentaren. Erst wenn eine ältere Dame unter den Gästen meine Mutter etwas ungehalten bat, sie möge doch «den jungen Mann mit dem roten Bart» auffordern, die Leute auf der Treppe nicht anzurempeln, da wusste meine Mutter, dass er wieder unterwegs war. Aber wer im Turm schlief, konnte ihn nachts auch dann, wenn kein Fest gefeiert wurde, hören, wie er mit seinen Freunden lachte und scherzte und behende die Wendeltreppe auf und ab lief. Als ich alt genug war, vom Kinderzimmer in den Turm umzuziehen, habe ich oft im Dunkeln dagelegen, die Bettdecke bis zum Kinn hochgezogen, und habe den Geistern gelauscht. Aber ich habe nie feststellen können, was sie sagten.

Robert Graves and Alan Hodge: The Monster

The great topic of 1934 was the Loch Ness Monster. The monster boom began with a series of circumstantial reports from residents and visitors to the loch. An A. A. scout claimed to have seen a serpent-like shape in the water; other reports suggested that the monster was a gigantic bearded eel. Yet when a big-game hunter went north to investigate, he found a spoor in the shingle by the side of the loch. Serpents and eels do not leave spoors; which discredited the local theories. The Natural History Museum then gave its opinion that the spoor resembled that of a hippopotamus. Sir Arthur Keith, the scientist, decided that the monster might be a legged reptile, but he suspected that it was an illusion and that the case was one for psychologists rather than zoologists. Others suspected a practical joke. Despite such doubts the monster's fame attracted thousands of summer tourists. The Catholic monks of Fort Augustus on the loch side had most of them seen the monster, and the Father Superior had been aware of its existence for some years. Theories multiplied, and so did efforts to trace the monster. A local ghilly declared that it was an old blind salmon. The most commonly accepted theory was that it was some sort of whale that had entered the loch when small and could not get back to the sea. But if so, on what would it subsist? Someone then tried to detect its presence with hydrophones; someone else reported having seen it cross the road with a sheep in its mouth. An old woman disappeared and her body was later discovered on the moors; she was said to have been carried off. Mutilated carcases of sheep were

Robert Graves und Alan Hodge: Das Ungeheuer

Das große Thema des Jahres 1933 war das Ungeheuer von Loch Ness. Der Rummel um das Ungeheuer begann mit mehreren recht genauen Berichten von Anwohnern und Besuchern des Sees. Ein Fahrer des Automobilklubs behauptete, er habe etwas Schlangenähnliches im Wasser gesehen; anderen Berichten zufolge handelte es sich um einen riesigen Aal. Aber als ein Großwildjäger nach Norden fuhr, um der Sache nachzugehen, entdeckte er im Kies des Seeufers eine Fußspur. Schlangen und Aale hinterlassen jedoch keine Fußspuren, und so wurden die Theorien der Anrainer wieder in Frage gestellt. Dann erklärte das Naturkundemuseum, seiner Meinung nach ähnele die Spur der eines Flusspferdes. Der Naturforscher Sir Arthur Keith war der Ansicht, das Ungeheuer sei möglicherweise ein Reptil mit Beinen, aber er äußerte zugleich die Vermutung, dass es sich um eine Sinnestäuschung handelte und das Ganze eher ein Fall für Psychologen als für Zoologen sei. Andere glaubten an einen dummen Scherz. Trotz solcher Zweifel lockte das Ungeheuer während des Sommers tausende von Touristen an. Die katholischen Mönche von Fort Augustus am anderen Ende des Loch Ness hatten fast alle das Ungeheuer gesehen, und der Prior wusste schon seit Jahren von seiner Existenz. Es gab immer neue Theorien und Versuche, das Monster aufzuspüren. Ein Jagdaufseher aus der Gegend behauptete, es handele sich um einen alten, blinden Lachs. Die meiste Zustimmung fand die Theorie, man habe es mit einer Art Wal zu tun, der in den See gelangt sei, als er noch klein war, und nun nicht ins Meer zurück könne. Aber wenn das stimmte, wovon ernährte er sich? Dann versuchte jemand, das Wesen mit Unterwassermikrofonen aufzuspüren; ein anderer berichtete, er habe es beobachtet, wie es mit einem Schaf im Maul die Landstraße überquerte. Eine alte Frau verchwand und wurde später tot im Hochmoor gefnden; es hieß, sie sei

found on the shore of the loch, and the tooth-marks in them were pronounced to be the monster's. Someone said that it might be a walrus; but rather smudgy photographs which appeared in London newspapers bore out the whale theory. The Royal Scottish Museum suggested that it was a large tunny or shark come into the loch from the sea. A film was made, 'The Secret of the Loch', which showed occasional glimpses of dark shapes on the water's surface, but nothing to swear by; however, the proceeds of the film endowed a bed for divers at Greenwich Hospital. The monster was equally a gift to the foreign Press. A Japanese paper said that it was roaming over the great heaths where Macbeth saw the weird sisters. On April Fool's Day, 1936, the *Berliner Illustrierte Zeitung* announced that the monster had been captured and was now on exhibition at Edinburgh; and reproduced photographs of it by a 'famous Scottish zoologist, Professor MacKeenkool'. Yet the monster was not seen again, and interest in it gradually died down.

Robert Burns: Auld Lang Syne

Should auld acquaintance be forgot,
  And never brought to min'?
Should auld acquaintance be forgot,
  And auld lang syne?
    For auld lang syne, my dear.
      For auld lang syne,
    We'll tak a cup o' kindness yet.
      For auld lang syne.

dorthin verschleppt worden. Zerrissene Schafskadaver wurden an den Ufern des Sees entdeckt, und man sagte, ihre Bisswunden stammten vom Ungeheuer. Irgendjemand meinte, es sei vielleicht ein Walross, aber einige verschwommene Fotos in Londoner Zeitungen stützten eher die Walfisch-Theorie. Das königliche Museum von Schottland fragte, ob es nicht ein Thunfisch oder ein Hai sein könnte, der vom offenen Meer in den See gelangt sei. Es gab einen Film, «Das Geheimnis von Loch Ness», in dem gelegentlich etwas Dunkles auf dem Wasser zu sehen war, aber nichts Schlüssiges; immerhin wurde mit den Einnahmen aus dem Film ein Freiplatz für Marinetaucher im Greenwich Hospital geschaffen. Auch für die ausländische Presse war das Ungeheuer von Loch Ness ein wahres Geschenk. Eine japanische Zeitung schrieb, es durchstreife die großen Heiden, wo Macbeth einst die Hexen traf. Am 1. April 1936 verkündete die Berliner Illustrierte, das Ungeheuer sei gefangen worden und könne jetzt in Edinburgh besichtigt werden, und druckte ein Foto ab, das angeblich ein berühmter schottischer Zoologe, Professor MacKeenkool aufgenommen hatte. Aber das Ungeheuer wurde nicht mehr gesichtet, und allmählich nahm das Interesse daran ab.

Robert Burns: Alte Zeiten

Soll alte Bekanntschaft vergessen sein
  und aus der Erinnerung getilgt?
Soll alte Bekanntschaft vergessen sein
  und mit ihr die alten Zeiten?
    Den alten Zeiten zulieb, mein Freund,
      den alten Zeiten zulieb
    lass einen Freundschaftsbecher uns leeren,
      den alten Zeiten zulieb.

We twa hae run about the braes,
  And pu'd the gowans fine;
But we've wander'd mony a weary foot
  Sin' auld lang syne.
    For auld lang syne, etc.

We twa hae paidled i' the burn,
  From morning sun till dine;
But seas between us braid hae roar'd
  Sin' auld lang syne.
    For auld lang syne, etc.

And there's a hand, my trusty fiere,
  And gie 's a hand o' thine;
And we'll tak a right guid-willie waught.
  For auld lang syne.
    For auld lang syne, etc.

And surely ye'll be your pint-stowp,
  And surely I'll be mine;
And we'll tak a cup o' kindness yet
  For auld lang syne.
    For auld lang syne, etc.

Einst haben wir zwei an den Hängen getollt,
schöne Gänseblümchen gepflückt,
aber wir sind einen langen, ermüdenden Weg gewandert
seit dieser vergangenen Zeit.
Den alten Zeiten zulieb, mein Freund … usw.

Einst haben wir beide im Bach geplanscht
von früh bis zur Abendbrotzeit,
aber dann haben uns brausende Meere getrennt
seit dieser vergangenen Zeit.
Den alten Zeiten zulieb, mein Freund … usw.

Hier nimm meine Hand, mein treuer Freund,
und reiche mir deine Hand
und lass uns auf unsere Freundschaft trinken,
den alten Zeiten zulieb.
Den alten Zeiten zulieb, mein Freund … usw.

Und du bestellst dir einen Krug
und ich bestell mir einen Krug,
und dann leeren wir einen Freundschaftsbecher
den alten Zeiten zulieb.
Den alten Zeiten zulieb, mein Freund … usw.

Anmerkungen

Ascherson

Seite 16, Zeile 6 v. u. *Cameronian* – Der Clan der Camerons unterstützte den schottischen Prinzen Charles Edward Stuart gegen die Engländer in seinem Kampf um den schottischen Thron.

Morton

Seite 26, Zeile 4 v. u. *Bruce* – Robert the Bruce (1274–1329), schottischer König.

Seite 28, Zeile 6 *Alfred and the cakes* – Man erzählt, dass König Alfred der Große von Wessex (849–899) einige Kuchen anbrennen ließ, als er sich im Haus einer Frau verstecken musste.

Melville

Seite 32, Titel *Kaleedoni* – In Melvilles Roman *Mardi* (1849) der Name für Schottland (*Caledonia* ist der poetische, aus der Antike stammende Name für den Norden Britanniens).

Seite 32, Zeile 5 v. u. *Dominora* – Melvilles Name für England (vgl. lateinisch *dominari* «beherrschen»).

MacWilliam

Seite 38, Zeile 4 v. u. *Lion, Unicorn* – Wappentiere des Vereinigten Königreichs.

Scott

Seite 44, lateinisches Zitat *Mutemus* … – Tauschen wir die Schilde und machen wir uns die Feldzeichen der Griechen zu eigen.

Waugh

Seite 48, Zeile 8 *laird* – Schottischer Titel für einen Landbesitzer.

Seite 66, Zeile 9 *Kitchener* – Englischer Feldmarschall (1850–1916), der im Sudan und im Burenkrieg kämpfte und noch zu Beginn des Ersten Weltkriegs sehr einflussreich war.

Boswell

Seite 116, Textzeile 6 *Dr. Johnson* – Samuel Johnson (1709–1784), der bedeutendste Literaturkritiker seiner Zeit, Schriftsteller und Verfasser des ersten großen Wörterbuchs der englischen Sprache, unternahm 1773 mit seinem Freund und späteren Biografen, dem Schotten James Boswell (1740–1795) eine Reise durch Schottland und auf die Hebriden.

Seite 116, Textzeile 11 *London* – Gedicht von Samuel Johnson. *Rambler* – Von Johnson herausgegebene Zeitschrift.

Seite 118, Zeile 10 v. u. *The Beaux' Stratagem* – Komödie von George Farquhar aus dem Jahr 1707.

Seite 120, Zeile 17 *sixpence* – Bis zur Einführung des Dezimalsystems 1971 hatte ein englisches Pfund zwanzig Schilling und ein Schilling zwölf Pence.

Seite 120, Zeile 21 *Erse* – Schottisches oder irisches Gälisch.

Jenkins

Seite 124, letzte Zeile *caber-tosser* – «Tossing the caber» ist ein Wettkampf bei schottischen Hochlandspielen. Dabei muss ein schwerer Holzstamm (caber) möglichst weit geworfen werden.

MacDiarmid

Seite 134, Textzeile 14 *crofting* – Bewirtschaftung eines kleinen Bauernhofs (croft).

Seite 134, Zeile 7 v. u. *Shiant Isles* – Kleine Inselgruppe zwischen den Hebrideninseln Skye und Lewis.

Seite 134, letzte Zeile *Fladda Chuain* – Insel südlich von Arran. *Ascrib Isles* – Kleine Inselgruppe westlich von Uig auf Skye.

Hogg

Seite 148, Zeile 18 *Long Island* – Die Inselkette von Lewis bis Barra, die äußeren Hebriden.

Seite 148, letzte Zeile *Bailiff* – Höherer Justizbeamter.

Burns

Seite 150, Vornotiz *Bannockburn* – In der Schlacht von Bannockburn im Juni 1314 schlug Robert the Bruce die Armee Edwards II. und wurde zum König eines unabhängigen Schottland gekrönt. In dieser imaginären Ansprache erinnert er an den heroischen Kampf von Sir William Wallace (ca. 1272–1306) gegen Edward I. von England.

Linklater

Seite 156, lateinisches Zitat *Tecum* ... – Du vergleichst dich mit unserem Schottland? Oh du geschmackloses, ungebildetes Zeitalter!

Smiles

Seite 158, letzte Zeile *Carlyle* – Thomas Carlyle (1795–1881), schottischer Essayist und Historiker.

Hawthorne

Seite 168, Zeile 14 *foot* – Längenmaß, ca. 30,5 cm.

Seite 172, Zeile 13 *Jean Armour* – (1765–1834), Robert Burns' Ehefrau.

Muir

Seite 174, letzte Zeile *Dunbar* – William Dunbar (ca. 1460–ca. 1525), schottischer Dichter.

Seite 176, Zeile 11 *Rabelais* – Der Roman *Gargantua und Pantagruel* des französischen Dichters François Rabelais (ca. 1490–1553) zeichnet sich durch Derbheit und Komik aus.

Ruskin

Seite 180, Zeile 6 *... nothing behind the arras ...* – Anspielung auf *Hamlet*, III. Akt, 4. Szene, wo sich Polonius hinter einem Vorhang versteckt hat und Hamlet ihn mit den Worten «How now, a rat?» ersticht.

Seite 180, Zeile 18 *Andrew Fairservice, Jeanie Deans* – Figuren in Scotts Romanen *Rob Roy* bzw. *The Heart of Midlothian.*

Seite 180, Zeile 4 v. u. *Britomart* – Altkretische Göttin.

Seite 182, Gedichtstrophe *Far beneath ...* – Weit unten, wo sie langsam von Teich zu Stromschnelle fließen, dunkel und tief, wo feuchte Erlen und Trauerweiden stehen, da hört man ihre Wasser klagen.

Barrie

Seite 184, Zeile 9 v. u. *The Master of Ballantrae* – Roman von R. L. Stevenson, 1889 erschienen.

Seite 190, vorletzte und letzte Zeile *Alan Breck, Mr. Bally, John Silver* – Figuren aus Stevensons Romanen *Kidnapped, The Master of Ballantrae* bzw. *Treasure Island.*

Seite 194, Zeile 6 *Vailima* – Stevensons Haus auf Samoa, wo er von 1890 bis zu seinem Tod 1894 lebte.

Seite 196, Zeile 5 *Road of the ...* – Straße, die zu Stevensons Haus «Vailima» führt.

Miller

Seite 202, Zeile 19 *sporran* – Teil der traditionellen schottischen Tracht; großer Leder- oder Fellbeutel, der vor dem Kilt getragen wird.

Graves

Seite 204, Textzeile 18 *Fort Augustus* – Stadt am südlichen Ende von Loch Ness.

Seite 206, Zeile 11 *Greenwich Hospital* – Alten- und Pflegeheim für Kriegsveteranen und -invaliden in London.

Lebensdaten der Autoren und Copyright-Nachweise

Neal Ascherson geb. 1932
aus: Games with Shadows (1988). Lizenz von der Intercontinental Literary Agency, London.

J. M. Barrie 1860–1937
aus: Margaret Ogilvie (1896)

James Boswell 1740–1795

Robert Burns 1759–1796

George Mackay Brown 1921–1996
aus: An Orkney Tapestry (1969). © John Murray (Publishers) Ltd.

Robert H. Christie (?)

Lewis Grassic Gibbon 1901–1935
«The Preacher ...» aus: Cloud Howe. «The Granite City» aus: A Scots Hairst. © Estate of James Leslie Mitchell / Lewis Grassic Gibbon und Curtis Brown Group Ltd, London.

Robert Graves 1895–1985 and Alan Hodge 1915–1979
aus: The Long Weekend (1940). © by the Trustees of the Robert Graves Copyright Trust and Alan Hodges 1940

Alasdair Gray geb. 1934
aus: Lanark (1981). © Canongate Books, Edinburgh.

Neil Gunn 1871–1973
aus: Young Art and Old Hector (1942). © Faber &Faber, London.

Nathaniel Hawthorne 1804–1864

James Hogg 1770–1835

Robin Jenkins geb. 1912
aus: Fergus Pamont (1979). © Canongate Books, Edinburgh.

D. H. Lawrence 1885–1930

Eric Linklater 1899–1974
aus: Mary, Queen of Scots (1933). © Routledge, London

Hugh MacDiarmid 1892–1978
aus: Scottish Scene (1934). © Deidre Grieve, Glasgow, und Carcanet Press Ltd, Manchester.

William McIllvanney geb. 1936
aus: The Papers of Tony Veitch.

Compton Mackenzie 1883–1972
aus: Whisky Galore. © Chatto & Windus / Random House, London.

Candia McWilliam geb. 1955
aus: A Case of Knives (1988). © Bloomsbury Publishing plc, London.

Herman Melville 1819–1891

Christian Miller geb. 1920
aus: A Childhood in Scotland (1981). © Canongate Press, Edinburgh.

H.V. Morton 1892–1979
aus: In Search of Scotland (1927). © Methuen Publishing Ltd, London.

Edwin Muir 1887–1959
«A Country …» aus: Scottish Journey. «Burns …» aus: Essays on Literature and Society (1965). © Ethel E. Ross, Glasgow, und Mainstream Publishing Co, Edinburgh.

George Orwell 1903–1950
aus: Collected Essays Bd. 4, 1970 (14.2.1947). © A. M. Heath & Co Ltd, London.

Alastair Reid geb. 1926
aus: Scotland, ed. Douglas Dunn, London 1991. © Harper Collins Publishers, London.

John Ruskin 1819–1900

Walter Scott 1771–1832

William Shakespeare 1564–1616
Die Übersetzung ist von Dorothea Tieck.

George Bernard Shaw 1856–1950
aus: The Author (1937). Lizenz von der Society of Authors, London.